艺术体育
高校学术研究论著丛刊

体育舞蹈课程建设与综合技能培养研究

胡海涛 著

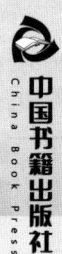

中国书籍出版社
China Book Press

图书在版编目 (CIP) 数据

体育舞蹈课程建设与综合技能培养研究 / 胡海涛著.
-- 北京：中国书籍出版社, 2020.10
ISBN 978-7-5068-8050-3

Ⅰ.①体… Ⅱ.①胡… Ⅲ.①体育舞蹈 – 教学研究 Ⅳ.① G831.3

中国版本图书馆 CIP 数据核字（2020）第 206265 号

体育舞蹈课程建设与综合技能培养研究

胡海涛　著

丛书策划	谭　鹏　武　斌
责任编辑	张　娟　成晓春
责任印制	孙马飞　马　芝
封面设计	东方美迪
出版发行	中国书籍出版社
地　　址	北京市丰台区三路居路 97 号（邮编：100073）
电　　话	（010）52257143（总编室）　（010）52257140（发行部）
电子邮箱	eo@chinabp.com.cn
经　　销	全国新华书店
印　　厂	三河市德贤弘印务有限公司
开　　本	710 毫米 × 1000 毫米　1/16
字　　数	220 千字
印　　张	15
版　　次	2022 年 1 月第 1 版
印　　次	2022 年 1 月第 1 次印刷
书　　号	ISBN 978-7-5068-8050-3
定　　价	76.00 元

版权所有　翻印必究

目 录

第一章　体育舞蹈课程建设的原理与现状分析…………… 1
　　第一节　体育舞蹈课程建设的理论基础………………… 1
　　第二节　体育舞蹈课程建设的必要性…………………… 21
　　第三节　体育舞蹈课程建设的现状与问题……………… 23
　　第四节　体育舞蹈课程建设的影响因素分析…………… 27

第二章　体育舞蹈课程建设的实践探索…………………… 31
　　第一节　体育舞蹈课程资源的开发……………………… 31
　　第二节　体育舞蹈课程教学体系构建…………………… 34
　　第三节　体育舞蹈课程教学要素的革新………………… 53

第三章　体育舞蹈课程教学的组织与管理………………… 62
　　第一节　体育舞蹈课程教学文件的制定………………… 62
　　第二节　体育舞蹈课程教学的组织与实施……………… 64
　　第三节　体育舞蹈课程教学的科学管理………………… 70

第四章　体育舞蹈技能培养理论与知识储备……………… 75
　　第一节　体育舞蹈技能培养的原理……………………… 75
　　第二节　体育舞蹈基本知识储备………………………… 84
　　第三节　体育舞蹈基本常识储备………………………… 91

第五章　体育舞蹈基础技能培养…………………………… 106
　　第一节　身体素质………………………………………… 106
　　第二节　基本姿态………………………………………… 113
　　第三节　把杆基础………………………………………… 123

· 1 ·

第四节　舞步基础……………………………………… 130
第六章　体育舞蹈专项技能培养及拓展提高……………… 142
　　第一节　摩登舞专项技能培养………………………… 142
　　第二节　拉丁舞专项技能培养………………………… 145
　　第三节　中国民族舞蹈技能拓展学习………………… 149
　　第四节　校园集体舞蹈技能拓展学习………………… 155
第七章　体育舞蹈安全防护技能培养……………………… 170
　　第一节　体育舞蹈科学运动处方的制定……………… 170
　　第二节　体育舞蹈学练中的疲劳与恢复……………… 176
　　第三节　体育舞蹈学练中常见伤病与处理…………… 183
　　第四节　特殊人群参与体育舞蹈的安全指导………… 194
第八章　体育舞蹈活动的组织和审美能力培养…………… 203
　　第一节　体育舞蹈表演活动的组织…………………… 203
　　第二节　体育舞蹈赛事活动的组织…………………… 211
　　第三节　体育舞蹈的审美内容与特征………………… 220
　　第四节　体育舞蹈欣赏………………………………… 228
参考文献……………………………………………………… 232

第一章 体育舞蹈课程建设的原理与现状分析

体育舞蹈课程建设,是体育舞蹈课程开展与发展的重要举措,其建设情况如何,直接决定着体育舞蹈课程的持续性发展和在学校中的开设。因此,做好体育舞蹈课程建设至关重要。该项建设工作的开展,首先要具备的前提条件就是了解相关的原理基础和建设现状,在此基础上开展建设工作,才能保证其建设的科学性、针对性和合理性。本章主要对体育舞蹈课程建设的理论基础、必要性、现状与问题以及影响因素加以分析,从而为体育舞蹈课程建设工作的开展提供依据和支持。

第一节 体育舞蹈课程建设的理论基础

一、哲学基础

(一)交往行为理论

哈贝马斯提出的交往理论,被称为"社会哲学理论的经典",该理论对我国的哲学和教育学所产生的影响是非常深远的。

一般来说,可以将交往行为理论的内容归纳为以下几点:

(1)交往行为,本身是一种活动,该活动是主体间借助语言符号的形式,在一定规范的约束下,达到相互理解与协调的目的。

(2)交往行为理论是交往理论的重大变革与发展,交互主体性的概念处于核心地位。

（3）交往行为理论的规范性在于语言的真实性、正当性等方面，是处于基础性地位的。

交往行为理论在体育舞蹈课程建设方面所产生的影响和启示也是深远的。主要涉及以下几个方面：

（1）在体育舞蹈课程的教学过程中，教师与学生的关系是具有交互主体性的交往、互动关系。

（2）教师与学生之间沟通与交流的方式为合理的互动行为，以此来尽可能实现预期的教学目标。

（3）教学主体平等对话、相互尊重等理论，对于和谐的师生关系的建立是有帮助的。

（二）主体间性理论

主体间性，在现象学中是处于核心的一个概念，通常也会被称为"在主体之间""主体际性""交互主体性"等。主体间性的主要内容是研究或规范一个主体如何与完整的作为主体运作的另一个主体互相作用。

这一理论在体育舞蹈课程建设中也有显著体现，并且给出了明确的启示：在体育舞蹈课程建设中，教师与学生都是重要的主体，且地位是平等的，因此，可以将师生关系认定为主体—主体的关系，师生关系超越了主体性，向主体间性过渡。

在体育舞蹈课程建设的过程中，主体间性理论的体现越来越显著，因此，对这一理论及其运用进行研究和探索是非常有必要的。

（三）交往实践理论

交往实践理论，是马克思在将"交往"与人类社会实践活动结合起来所得出的一个新的理论。这一理论本身有着丰富的内容和突出贡献。

（1）在生产实践的基础上所开展的社会交往，是人类在交往水平上超越动物的重要标志。

（2）交往实践理论具有客观物质性、自觉能动性以及社会历史性等显著特征。

（3）实践与交往活动都在同一个社会实践活动中体现出来，是该活动的两个方面，两者是不可分割的。交往结构关系的主要特征为主体—主体模式，而交往活动的特征则为主体—客体模式。

在体育舞蹈课程建设过程中应用交往实践理论，能够将师生、生生等主体间的平等关系充分体现出来。

二、心理学基础

（一）动机激发理论

动机激发理论的产生和发展，是在一定的理论基础上进行的。要想了解动机激发理论，首先要对以下几个概念有所认识。

1. 动机

对于不同的个体来说，他们的动机是各不相同的，并且都是极其复杂的。关于动机的类型划分，目前主要有以下几种（表1-1）：

表1-1 动机的类型划分

分类标准	动机类型
动机起源	生理性动机
	社会性动机
动机原因	内在动机
	外在动机
动机作用	主导性动机
	辅助性动机
动机行为与目标关系	近景动机
	远景动机
动机行为带给个体的体验	丰富性动机
	缺乏性动机

由此可见,动机是个体产生行为的主要原因,会对个体活动的发动、调节、维持以及终止等一系列过程都产生直接的影响。

2. 经验兴趣

经验也会在很大程度上影响到个体的思想和行为。兴趣的形成与发展来源通常都是个体的经验。促进兴趣产生的个体需求有很多,可以大致分为三个层面,即对独立性的需求、对能力的需求以及对社会联系的需求。

在体育舞蹈课程建设中应用动机激发理论,所得到的启示主要有以下几个方面:

第一,要对学生学习体育舞蹈的稳定动机加以培养,并在这方面提高重视的程度。具体来说,应该正确使用强化手段,来将学生学习的外部动机有效激发出来,同时,还要切实培养学生学习体育舞蹈的内部动机。适当时候,恰当的惩罚手段也是可以运用的。

第二,要对学生浓厚的体育学习兴趣进行重点培养。教师首先要对学生的个体性特征加以了解,综合其需求,在严格遵循个体差异性原则的基础上,对学生学习兴趣加以培养,让学生在体育舞蹈的学习中能够充分发挥出自身的潜力。

第三,要使学生体育舞蹈方面的需求和体验得到有效丰富。在体育舞蹈课程建设的过程中,要让学生从中能获得丰富的情感体验,尤其是体验到参与体育舞蹈的乐趣,这一点是非常重要的。与此同时,还要积极组织各种与体育舞蹈相关的活动,使学生积极参与其中,并且能够体验到体育舞蹈的魅力和乐趣。

(二)最近发展区理论

最近发展区理论是由维果茨基提出的,距今已经有近百年的时间了。

学生的最近发展区,就是指学生实际发展水平与潜在发展水平之间的差距。将最近发展区理论应用于体育舞蹈课程建设中,要求在与学生的现有水平相适应的基础上,做到与学生的"最近发展区"相适应,走到发展的前面,达到更高的发展水平。

从学生的角度来看,其要实现自身的发展,就离不开与教师、与其他学生之间的关系。所以,学生的最近发展区不仅能够从教师与学生的"教""学"关系之中体现出来,同样也能够从学生与同伴的互动合作中体现出来。可见,最近发展区理论与合作学习一脉相承,为体育课程体系的构建提供了重要的理论基础。

在体育舞蹈课程建设的过程中运用最近发展区理论,主要体现在以下几个方面:

(1)教师在设计体育舞蹈课程目标时,一定要与学生的认知基础、情感规律及运动技能形成和掌握规律相符。

(2)对学生进行分组,以此来让能力较强的学生与能力较弱的学生之间相互配合,教师做好提示或矫正工作。

(3)在教师的帮助下,让学生自己在探索的过程中逐渐形成对完整动作的自我建构。

(三)多元智能理论

霍华德·加德纳在1983年提出了多元智能理论。多元智能理论指出,智能是每个人都有的能力,只是在水平上有所差别而已,并且每个人拥有的智能都是多方面的,主要包括以下8种:

(1)视觉——空间智能。

(2)言语——语言智能。

(3)身体——肢体运动智能。

(4)人际——交往智能。

(5)逻辑——数理智能。

(6)内省——自我反省智能。

(7)音乐——音调、旋律、节奏及音色等智能。

(8)探索自然观察智能。

实际上,不管是什么样的智能,除了天生的部分之外,都可以通过后天的努力而获得提升。不同的角色需具备的基本智能不同，各有侧重，因此面对不同的对象，需采用的智能训练手段也是不同的。以运动员为例，其多元智能训练结构与操作如图 1-1 和图 1-2 所示。

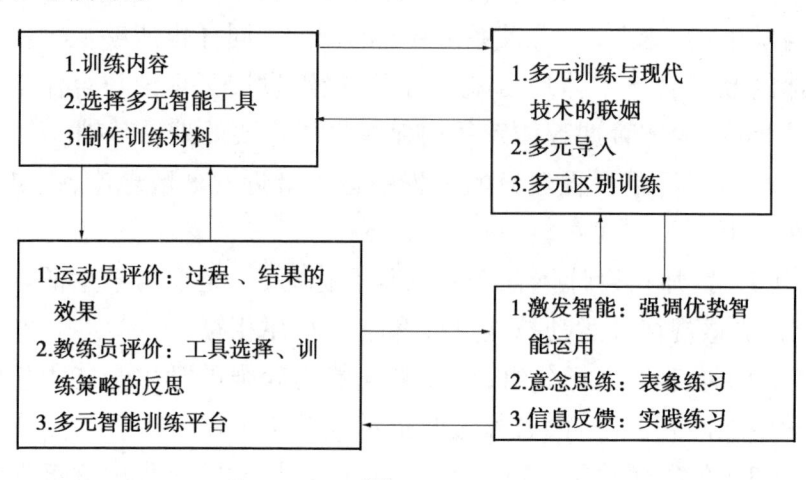

```
┌─────────────────────┐      ┌─────────────────────┐
│ 1.训练内容          │─────▶│ 1.多元训练与现代    │
│ 2.选择多元智能工具  │      │   技术的联姻        │
│ 3.制作训练材料      │      │ 2.多元导入          │
│                     │◀─────│ 3.多元区别训练      │
└─────────────────────┘      └─────────────────────┘
          │                             │
          ▼                             ▼
┌─────────────────────┐      ┌─────────────────────┐
│ 1.运动员评价：过程、│      │ 1.激发智能：强调优势│
│   结果的效果        │      │   智能运用          │
│ 2.教练员评价：工具  │─────▶│ 2.意念思练：表象练习│
│   选择、训练策略的  │      │ 3.信息反馈：实践练习│
│   反思              │      │                     │
│ 3.多元智能训练平台  │      │                     │
└─────────────────────┘      └─────────────────────┘
```

图 1-1

（资料来源：许文鑫，2015）

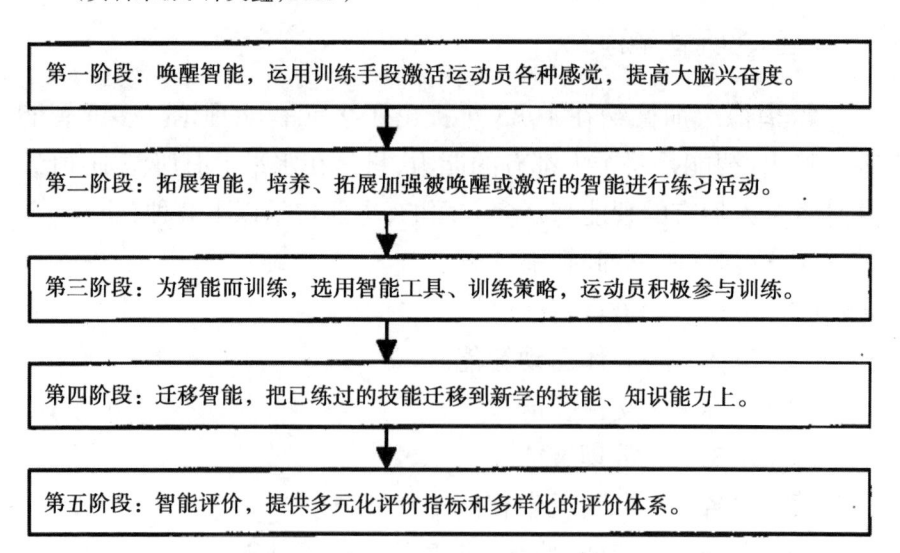

```
┌──────────────────────────────────────────────────────────┐
│ 第一阶段：唤醒智能，运用训练手段激活运动员各种感觉，     │
│           提高大脑兴奋度。                               │
└──────────────────────────────────────────────────────────┘
                            │
                            ▼
┌──────────────────────────────────────────────────────────┐
│ 第二阶段：拓展智能，培养、拓展加强被唤醒或激活的智能进行 │
│           练习活动。                                     │
└──────────────────────────────────────────────────────────┘
                            │
                            ▼
┌──────────────────────────────────────────────────────────┐
│ 第三阶段：为智能而训练，选用智能工具、训练策略，运动员   │
│           积极参与训练。                                 │
└──────────────────────────────────────────────────────────┘
                            │
                            ▼
┌──────────────────────────────────────────────────────────┐
│ 第四阶段：迁移智能，把已练过的技能迁移到新学的技能、知识 │
│           能力上。                                       │
└──────────────────────────────────────────────────────────┘
                            │
                            ▼
┌──────────────────────────────────────────────────────────┐
│ 第五阶段：智能评价，提供多元化评价指标和多样化的评价体系。│
└──────────────────────────────────────────────────────────┘
```

图 1-2

（资料来源：许文鑫，2015）

需要注意的是，在多元智能训练系统中，训练者与训练对象都是训练主体，而且训练对象不仅是智能训练的主体，也是智能

第一章 体育舞蹈课程建设的原理与现状分析

训练的客体,训练者与训练对象之间形成了多元互动关系,如图1-3所示。

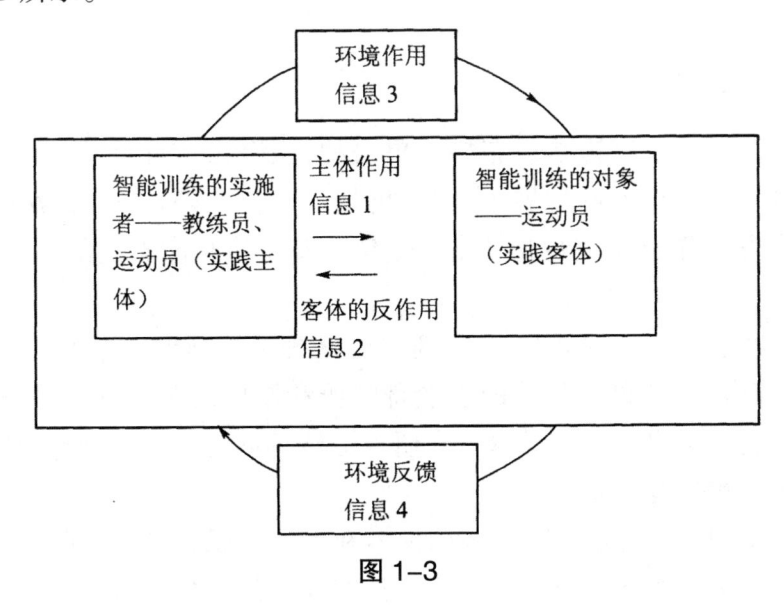

图 1-3

(资料来源:许文鑫,2015)

多元智能理论具有多元性、差异性、实践性等显著特点。同时,这一理论也有其显著的优势。多元智能理论提出,学生智能的特色是多种多样的,这一理论中,根本不存在"差生"的说法,只是每位学生的智能强项和弱项不同。因此,这就要求教师应用多元的观点看待学生,发现学生的智能强项,培养学生的特长,对学生的个性化发展起到促进作用。

多元智能理论还对学生的个性化和差异性进行了肯定,为体育舞蹈课程建设工作的开展奠定了理论基石。除此之外,多元智能理论还对多种智能的同等重要性进行了强调,对智能发展的多样性特别重视,所以在体育舞蹈课程建设过程中要将灵活多样的评价观树立起来。

三、社会学基础

（一）符号互动理论

符号互动理论是由布鲁默提出的，至今已有近百年的时间。在符号互动理论的发展中，除了创始人布鲁默外，还有很多人也在这方面作出了突出的贡献，具有代表性的有库恩、托马斯、库利等。

经过不断地发展和完善，符号互动理论逐渐形成了不同的学派，其中，以布鲁默为首的芝加哥学派和以库恩为首的衣阿华学派是最为突出的两个学派。在研究方法等问题上，不同学派所持有的见解是有所差别的。

符号互动理论中所涉及的内容和观点主要有以下几点：

（1）人类个体的生存与发展是在互动的前提下进行的，可以将其理解为社会生活的基础。

（2）符号本身不仅是人际互动的媒介，还是社会生活的重要基础。

（3）个体行为的产生，是离不开自身这一主体的参与的，可以说，自身是其行为的重要建构者。

（4）社会的形成和变化是互动的关系，其中，社会是相对稳定的互动模式。

总的来说，符号互动理论是非常重视人的主观因素的。同时，这一理论还对人的重要性进行了强调，比如，人既是主体又是客体；另外还对每个人的独特性进行了强调，提出了从生活实践中进行理论归纳的主张。

在体育舞蹈课程的建设过程中，互动是必不可少的。有效互动能使体育舞蹈课程建设过程中的教学与管理效率得到有效提升，因此符号互动理论在这方面的研究中所具有的指导意义和作用是非常突出的。

第一章 体育舞蹈课程建设的原理与现状分析

体育舞蹈课程建设本身就是一个符号互动的场域。教师在这个场域中,首先要将体育舞蹈课程教学的情境确定下来,使自身能与学生、环境之间形成相互调适、紧密融合的关系。同时教师还要善于发现与学生共处的情境,通过语言、表情、手势、动作等符号的运用,使有效互动得以实现,进而保证人的社会化的实现。

需要强调的是,社会结构在体育舞蹈课程建设过程中也会产生重要影响,但是,这一点是被符号互动理论所忽视的,因此,在体育舞蹈课程建设过程中运用该理论时,要对其局限性有充分的了解与认识,从多元化的视角入手,来对社会现象和人的行为加以分析,并解决实际问题。

(二)群体动力理论

群体动力理论的创始人是勒温。这里所说的"群体动力",就是指群体活动的方向。由此,可以将群体动力理论界定为:对群体活动动向的各种影响因素进行研究的一种理论形式。

群体动力系统包含的要素有三个方面,即凝聚力、驱动力和耗散力。这三个要素之间是相互抗衡、共生共存的关系,并且每一个要素都有其各自的特点和作用,比如,凝聚力是群体稳定的重要保证因素,驱动力是群体演变和发展的主要动力因素,耗散力是破坏群体稳定和演变、降低群体绩效的不利因素。

群体动力理论在体育舞蹈课程建设中有着广泛应用,并且产生了重要的作用和启示意义,其从理论上支撑着体育舞蹈课程建设的开展与实施。

体育舞蹈课程建设是一种团体过程。在体育舞蹈课程建设过程中,运用好群体动力理论会起到促进群体效能的显著作用。

在体育舞蹈课程建设的过程中,教师需要考虑的问题有很多,其中之一就是如何挖掘学生内部的内聚力,具体可以从以下几点进行考虑:

(1)首先要将合理的体育舞蹈课程体系的建设目标确定下来,然后将具有可行性的体育课程教学规范制定出来,通过教师积极的引导,来使学生之间形成良好的相互合作、公平竞争的关系,这对于平等民主的教学氛围的营造也是有利的。

(2)在分组教学中,不同组学生的水平并没有较大的差别,而同一个组的学生之间的差异性却是较为显著的,这样,能够有效促进学生之间相互帮助、优势互补,这对于学生技术的掌握和友谊的建立都是有益的。

(3)在所组织的不同形式、不同内容的有效互动中,要较大程度上为学生提供一些良好的参与和表现机会,如此一来,不仅能够使那些心理素质相对较差的学生产生积极的群体压力,同时,还能将其学习动力充分激发出来,增强其自信心,保证进步的持续进行。

四、体育科学基础

(一)体育生物学理论

生物学,是通过研究生物的结构、功能、发生和发展规律,从而对生命活动进行控制,对自然进行改造,进而服务于工农业、医学等实践领域的科学。

体育生物学,是体育运动与生物学相结合的产物。体育生物学,也被称为"运动人体科学",是应用人体解剖学、生理学、营养学和体育保健学等多种人体科学学科理论和方法研究体育运动对人体形态结构、生理功能的影响,以及体育运动中的保健规律和措施的综合性科学知识体系。

体育生物学包含的内容是非常丰富的,下面就对比较重要的几个方面的理论知识加以分析和研究。

1. 体育解剖学及其在体育舞蹈课程建设中的应用

体育解剖学是研究体育运动对人体形态结构产生的影响以及探索人体机械运动与体育动作的关系的一门学科。

体育解剖学研究的主要内容有体育运动对人体器官组织形

第一章 体育舞蹈课程建设的原理与现状分析

态结构的影响、骨骼肌形态结构和功能、人体结构机械运动规律、运动员身体形态特征与选材形态学基础、运动损伤形态学基础等。

在体育舞蹈课程教学中,体育教师利用体育解剖学原理分析各项目的技术动作,使学生了解在做不同动作时,主要发挥哪些部位的功能。这不仅便于学生掌握运动技术,将动作做到位,还能预防运动损伤。体育解剖学原理可以用来分析身体不同部位的动作。

舞姿的正确与否会在很大程度上影响到体育舞蹈的练习质量。舞步熟练,花步甚多者,往往能够体现出其体育舞蹈水平较高,但是,如果舞姿不正确,那么就会对其形体健美产生不利影响,并很难给人以美的享受。这就与缺少解剖知识有很大的关系。一般的,在体育舞蹈中,男士在站立的标准定势时,是通过腹直肌和腹内、外斜肌的收缩,背部的背阔肌、斜方肌等诸肌的适度紧张,以及固定膝关节的股四头肌、缝匠肌和阔筋膜张肌的微微放松,来将挺拔而不僵硬的姿势表现出来的;女士则应使腰腹肌固定工作,保持腰部竖直,而通过斜方肌、背阔肌等诸肌的收缩,形成脚后屈的姿势;加之男女各自向左转头 15° 左右,目视前上方,就会体现出习舞者挺拔向上的气质,潇洒大方的韵味,并给观者以美的享受。

这里重点对体育舞蹈中旋转动作的解剖学原理加以分析和研究。旋转(含转体)动作是体育舞蹈的核心内容。这一技术好坏会作为重要标准来对学生舞蹈素养高低加以衡量。要想将体育舞蹈健身、娱乐和消遣的功能充分展现出来,就要保证一套体育舞蹈动作中要有转体或旋转动作,否则就会显得枯燥、单调和乏味。为此,学生了解和掌握一些简单力学知识,并用其指导自己的实践是非常有好处的,因此,学习这方面的知识也是非常有必要的。

通常情况下,可以将体育舞蹈中的旋转动作分为两大类:一类是转体,即指在一小节时间内,身体绕轴转动180° 以内的动作,通常有转体 45°、90°、180° 及其他中间动作;一类是旋转,是指在一小节时间内,身体绕轴转动 180° 以上的动作,通常来说,旋转的度数有 270°、360°、540°、720° 等。旋转协同角度有共转(男女同时旋转)和单转(男女一方自转)。旋转动作的特点也是较为明显的,主要表现为:支点不断变化;能量不断重新调配;两人要协调配合。

2. 体育生理学及其在体育舞蹈课程建设中的应用

体育生理学,是体育运动与生理学相结合所形成的一门学科,其中蕴含着体育生物学和人体生理学的相关知识与观点,其研究的内容主要是人体运动能力及对运动的反应和适应过程。

在体育舞蹈课程建设中运用体育生理学,主要从控制学生学习和练习体育舞蹈的过程,指导学生进行体育舞蹈的专业锻炼和身体素质锻炼两个方面得到体现。其中,身体素质锻炼是增强学生体质的重要手段,同时也会影响到体育舞蹈的专项水平的发挥,而身体素质的发展则会受制于生理学因素。下面就对影响身体素质的生理学因素加以分析和阐述。

(1)影响力量素质的生理学因素:主要有年龄(图1-4)、体重(图1-5)、肌肉的生理横断面积(图1-6)、肌纤维类型、肌肉初长度和肌拉力角(图1-7)以及神经调节等方面。

(2)影响动作速度的生理学因素:肌肉力量(图1-8)、肌纤维类型、运动条件反射的巩固程度等。

(3)影响有氧耐力的生理学因素:能量供应特点、肌组织利用氧的能力等。

(4)影响无氧耐力的生理学因素:肌肉内糖无氧酵解供能的能力、缓冲乳酸的能力、肌纤维类型、脑细胞对血液 pH 值变化的耐受力等。

(5)影响柔韧素质的生理学因素:关节的构造及其周围组织的伸展性、神经系统对骨骼肌的调节能力等。

第一章 体育舞蹈课程建设的原理与现状分析

（6）影响灵敏素质的生理学因素：大脑皮层神经过程的灵活性及其分析综合能力、各感觉器官的机能状态、运动技能掌握程度及其他身体素质水平等。

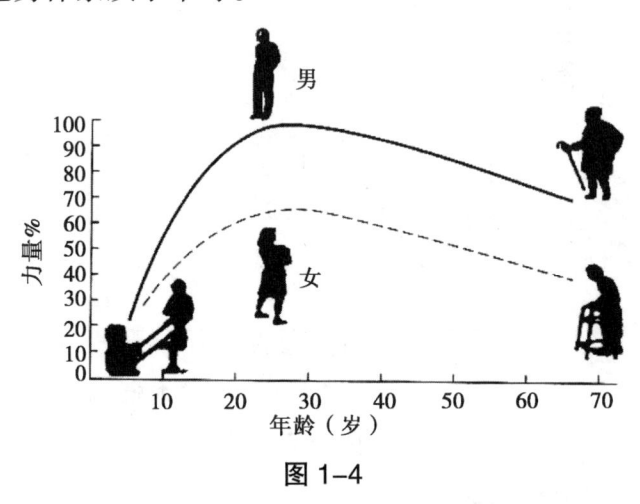

图 1-4

（资料来源：赖爱萍，2012）

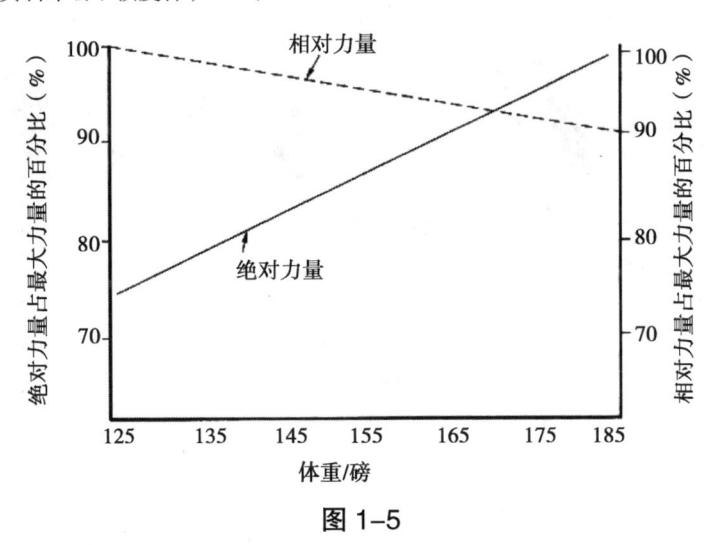

图 1-5

（资料来源：赖爱萍，2012）

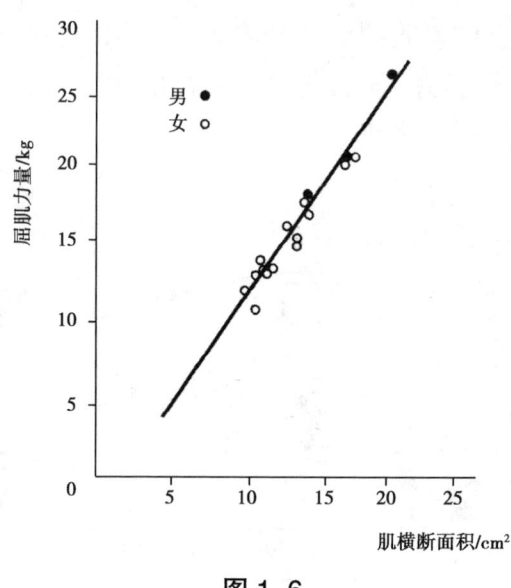

图 1-6

（资料来源：赖爱萍，2012）

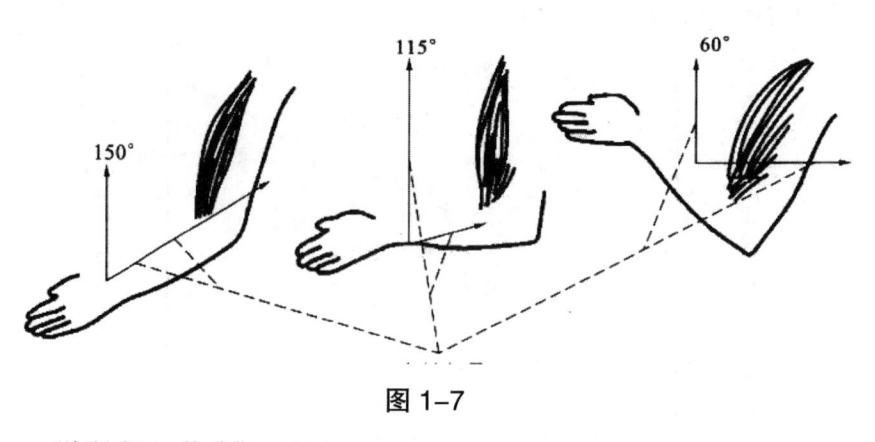

图 1-7

（资料来源：赖爱萍，2012）

由此可以看出，对身体素质产生影响的生理学因素是多元化的，会由于各项具体的身体素质的不同而不同。通过上述几个图能够对影响身体素质的生理学因素有更加直观和形象的了解，对以生理学为出发点，为学生的身体素质锻炼提供科学的引导，预防不良因素的影响，发挥积极影响因素的作用，从而提高学生身体素质锻炼效果，有效增强学生体质，是有所帮助的。

第一章 体育舞蹈课程建设的原理与现状分析

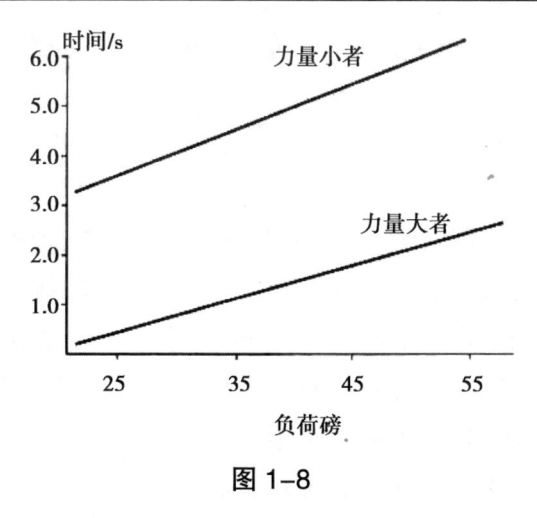

图 1-8

（资料来源：赖爱萍，2012）

3. 体育生物力学及其在体育舞蹈课程建设中的应用

体育生物力学是一门综合性的学科，研究的内容为体育运动中人体与器械运动特征、力学规律；研究对象主要是人体内部运动行为、外部运动行为以及内外部运动行为之间的因果关系。

通过分析运动生物力学的研究内容，发现其实践性特点显著，这一点主要体现在其在运动技术诊断、分析和评价，健康促进和健身指导，损伤预防与功能康复以及运动装备设计和改进等方面的作用上。

一般的，通过体育生物力学原理的运用，能够对人体基本动作如跑、跳、投的动力学特征、运动学特征加以分析，从而为提高人体基本运动能力提供科学指导。

将体育生物力学运用于体育舞蹈课程建设中，其所产生的作用也是非常显著的，这里主要对体育舞蹈旋转方面的相关生物力学知识加以分析，旨在帮助学生更好地了解体育舞蹈的旋转。其中，最为基础的有以下几个概念：

（1）重力。重力，就是人体受到地球吸引的力。对于一个人来说，其重力的大小与其体重基本相同，身体各部分的重力合力点叫人体重心。当人体直立时，重心位置在第三骶椎前七厘米处，一般男士略高于女士。对于旋转动作来说,其完成的关键在于对重心移动的正确掌握。

(2)支撑反作用力。当人体对地面施加力的时候,地面也会产生一个与所受的力大小相等、方向相反的力,并且作用于人体,这个力就是支撑反作用力。反作用力的作用点若通过人体重心时,人体就做直线运动,若不通过人体重心,那么身体就产生转动了。

(3)转动惯量与角速度。力矩会对物体转动快慢产生决定性影响。而力矩(M)=Jω,在数值上 $J=mr^2$,由此可见,转动惯量(J)的大小与质量(m)大小和半径(r)的长短是有密切关系的,并与其成正比,J 与角速度(ω)成反比。[①]

最后,还需要强调的是,人体与刚体之间是有差别的,加之其旋转时支点不断移动,就构成体育舞蹈动作旋转时力传递的特殊形式——链式扭转。具体来说,这种力的传递方式,是以一脚先发动,即足尖或足跟向外或向内旋,再带动躯干回旋,并超越另一只脚而先完成。这种用力顺序,是一般习舞者最难掌握的技术,因此,在这方面要加大关注和训练的力度,熟练掌握本项技术。

4.体育生物化学及其在体育舞蹈课程建设中的应用

体育生物化学,是生物化学的一个分支,二者在研究原理、研究方法等方面是类似的。这一学科的研究内容主要为人体运动时物质代谢及其调节的特点与规律,运动引起体内分子水平适应性变化及其机理。

运动生物化学与其他相关学科之间也有着较为紧密的联系,比如,其与运动遗传学、运动生理学等的联系。随着运动生物化学研究的不断成熟,一些研究内容的具体性、详细性程度不断提升,而且研究范围也有进一步的拓展,其中一些研究与分子生物学研究是交叉的。分子生物学是生物化学的重要组成部分之一,这一学科的研究内容主要为生物大分子的结构、功能及其代谢调控。

---

① 罗冬梅,思维.体育舞蹈中旋转动作的解剖、力学分析——再谈如何提高体育舞蹈练习质量[J].哈尔滨体育学院学报,1996(01):66-68.

第一章 体育舞蹈课程建设的原理与现状分析

当人们参与体育运动时,处于运动状态的机体会发生一些变化,比如,新陈代谢的速度会加快,同时,还会出现一些适应性反应和调节性活动。除此之外,运动还会导致人体内分子水平的变化,通过对这些变化规律与特点加以总结,能够为提高运动效果,预防损伤提供指导。

体育生物化学的研究对象是所有的生命形式,其中,包括普通体育锻炼者和体育运动员在内的运动的人体是最主要的研究对象。

体育生物化学的研究层面,既涉及长期慢性运动对机体的影响,也涉及一次急性运动对人体的影响。

体育生物化学的研究时空,主要是指人体的整个运动过程,具体来说,运动前机体特征、运动中机体变化规律与特征以及运动后机体恢复等都属于这一范畴。

体育生物化学的研究效应,既涉及基础性意义,也涉及实用性意义。

将体育生物化学理论知识应用于体育舞蹈课程建设中,需要弄清楚以下几个方面的知识:

(1)体育舞蹈运动疲劳性机制与身体机能性恢复

体育生物化学运用于体育舞蹈课程建设中,其研究的一个重点就是通过高新技术的运用来对体育舞蹈中运动性疲劳产生的机制加以探索,这方面的研究成果能够为体育舞蹈运动性疲劳提供更多的指导。具体来说,生物化学研究的内容主要涉及从整体、器官、细胞和分子水平等方面对体育舞蹈运动训练的疲劳机制和疲劳特征加以探析,会更加重视消除疲劳和加速身体机能恢复的生物化学研究。

(2)对体育舞蹈舞者身体机能的评定

生物技术在评定舞者身体机能状态的指标方面也有着广泛的应用,且更加简单实用。通常,会通过血液指标来评定体育舞蹈者身体技能;会通过唾液、尿液测定等无创伤性方法来评定体育舞蹈者身体机能的发展方向;还有通过遥测技术以及数字化技术来有效评定体育舞蹈者的身体机能,并且能够将简便性、科学性和准确性特点充分体现出来。

(3)体育舞蹈者的科学选材

将DNA技术引入体育舞蹈者的科学选材中,将极大地推动舞者选材领域的研究向前发展,优秀舞者特异的DNA片段将成为未来体育舞蹈选材的重要依据。[①]

(4)体育舞蹈健身理论与方法

体育舞蹈训练与人体的免疫机能、抗衰老、慢性病(心血管疾病、糖尿病等)的研究是非常重要的,将为体育舞蹈训练提供更多的理论依据。

(二)体育教育学理论

教育学本身是一门独立的学科,人类的教育现象及对教育问题的解决是其研究的对象,由此,能够将教育的一般规律揭示出来。体育教育学理论是有目的地培养体育人与社会人的活动,从而将体育教育的规律揭示出来,做好体育相关课程建设工作。

1.教学过程最优化理论及其在体育舞蹈课程建设中的应用

巴班斯基在20世纪70年代初期将教学过程最优化理论提了出来。教学过程最优化,是指教师在遵循教学规律、贯彻教学原则、采用合理的教学组织形式和丰富多元的教学方法及全面考虑影响教学效果的内外因素的基础上,和学生共同在规定的教学时间内高效完成教与学的任务。在此过程中,教师不仅要对自己的教学节奏加以控制,还要对学生的学习过程加以监督,从而使"在有限时间内实现教学效果最优化"的目标能够得以顺利实现。

在体育舞蹈课程教学中,在将教学目标确定下来之后,就需要有针对性地选择相应的教学方案来加以实施,从而顺利实现教

---

① 高静,李伟.舞蹈训练的运动生物化学和训练学研究[J].舞蹈,2010(01):58-60.

学目标。但是,目标实现的途径和方案是多种多样的,这就要求对这些教学方案和途径加以筛选。能够最快速实现教学目标、最大化提高教学效果,是筛选教学方案的重要标准。简言之,就是要选择能够实现教学效果最优化的方案,这样有利于节约时间、提高效率,并使学生在有限时间内学到并学好更多的知识,获得更大的进步,取得更多的收益。此外,教学过程与效果最优化也是评价课堂教学过程与效果的重要指标。

可以说,学生都获得适时、最合理的教养、教育和发展是教学效果最优化在学生身上的体现。教学过程"最优化"理论所涉及的内容非常广泛,其中,较为主要的有:遵循教学规律;充分考虑教学条件;对比分析各种教学方案;随时监控和调整师生教学活动;在规定时间内争取获得最好的发展效果。

将教学最优化理论应用于体育舞蹈课程建设中,其所产生的作用和启示主要有以下几个方面:

(1)体育舞蹈课程建设,并不只是教师的工作,学生也有参与的权利和义务,因此,体育舞蹈课程建设的过程,实际上也是师生的互动过程。其组成部分有四个方面,即互动的设计、实施、结果和反思。教师互动教学时要树立互动教学的整体观,将体育舞蹈课程建设过程中各部分的整体功能充分发挥出来,以便在规定的时间里获得最好的教学效果。

(2)体育舞蹈课程建设的最优化,实际上就是在保证取得教学效果理想化的同时,尽可能付出最少的时间和精力。在体育舞蹈课程建设过程中,师生的互动包含互动效果、互动效率、互动效益几个方面。从教学最优化理论出发,促进体育舞蹈课程建设效果的提高,是课堂教学过程的最优化重点目标之一。体育舞蹈课程建设过程的状态会在教学效果上得到体现,也可以说,教学效果取决于体育舞蹈课程建设过程的状态好坏。

(3)要在体育舞蹈课程建设过程中实现最好的互动效果,是实现课堂互动过程的最优化非常重要的条件之一。具体来说,就是在遵循体育教学规律的基础上,综合了解并考量互动环境、内容、技巧、广度与深度,以及学生特点几个方面因素,对一种能使师生用最少时间和精力获得最好发展的有效互动方案进行科学制定,并在实践中有效实施。

2. 有效教学理论及其在体育舞蹈课程建设中的应用

有效教学理论,是教育学理论的重要组成部分之一,有着显著的理论性、描述性以及实践应用性和规范性等显著特点,这也反映出了其显著的综合性特点。有效教学理论的研究对象通常是一些典型的具有普遍性的教学现象与教学问题,在此基础上,对教学的一般特点与规律进行总结,然后在基本规律的指引下,对那些既有针对性又有实用性的策略与方法加以研究,从而达到有效解决教学中的主要问题,提高教学效果与质量的目的。

对"有效教学"概念的界定,通常的理解为:在教学过程中遵循教学规律,尽可能以最经济的教学方案取得最优教学目标的一种教学方式。需要强调的是,这里所说的最经济的教学方案指的是不管是安排教学内容,还是选用教学组织方式及教学方法与模式,都尽可能保证师生投入的时间、精力以及学校投入的物力等各方面资源少一些,从而以最少的投入获得最好的效益(教学效果)。

有效教学过程为有效"理想"→有效"思维"→有效"状态"的一系列转化过程,其中的"→"代表的就是"转化为"。由此可以看出,有效教学,实际上是先将有效教学目标确定下来,然后再将科学教学理念树立起来,进而将一切有效的教学方法和教学策略综合利用起来达到最优教学形态,最终达到有效教学目标实现的目的。

有效教学是体育舞蹈课程建设工作开展所参照的重要理论依据,将其应用于体育舞蹈课程建设中,所产生的作用和启示主要有以下几个方面:

(1)从经济学的角度来看,体育舞蹈课程建设过程中所涉及的"效果",是指体育舞蹈课程建设工作所取得的结果与预期目标的吻合程度。

（2）在对体育舞蹈课程建设的有效性进行判断时,参照的评价标准主要为学生的参与度和发展度。

第二节 体育舞蹈课程建设的必要性

体育舞蹈是一项新兴的运动项目,在学校中的开展时间也比较晚,其不仅能使学生的身心得到发展,还能起到强身健体的作用,受到学生的广泛欢迎与喜爱。

在学校中开设体育舞蹈课程,并且做好相关的建设工作是非常重要且必要的,主要表现为以下几个方面:

一、能使学生的体魄强健

关于体育舞蹈课程的研究在20世纪末期就已经开始了,并且涉及生理学和心理学两个方面,研究的细致程度也比较高。通过对体育舞蹈运动员的有效检验得知,他们的新陈代谢率、热量消耗量大大增加,身体各项机能也都出现了相应的变化。

由此可以得知,体育舞蹈课程建设能够对学生的身体素质产生积极的促进作用。

首先,能对学生机体的心肌收缩起到促进作用,使学生体内新陈代谢的速度加快,同时,在强化心血管代谢功能方面也会产生显著作用。

其次,体育舞蹈课程建设活动的开展,对于学生的呼吸系统功能的强化有积极的影响。

再次,体育舞蹈课程建设活动的开展,能使学生的耐力与意志得到有效的磨炼。一般来说,对于学生甚至是专业的舞蹈者来说,要想在既定的时间内,准确无误地跳完多个舞蹈动作,只具备精湛的舞技与顽强的意志是不够的,优质的体魄,尤其是较强的抗压耐力素养也是必不可少的重要因素,否则,就无法使各个舞种舞蹈动作的规范性得到保证。

学校体育舞蹈课程的开展与建设,能够使学生的耐力素养得到有效培养,借助反复大量的舞蹈练习,能使学生的体魄更加强健。

二、能使学生的形体得到有效塑造

体育舞蹈本身是一项形体训练的项目,因此,舞蹈动作在其中的地位和作用是不可忽视的。只有正确的、规范的舞蹈动作,才能将其应有的作用充分发挥出来,因此,保证体育舞蹈动作的规范性至关重要。体育舞蹈将健身与形体美完美融合在一起,可以将其看作是一门典型的形体艺术。在体育舞蹈比赛中,男子和女子会有不同的表现,所展示的美也各不相同。男子主要展示阳刚之美,女子则主要展示阴柔之美。

在经过长时间的体育舞蹈锻炼之后,男生的身体形态会发生变化,逐渐趋于挺拔、端正;女生的身体形态所表现出的风仪玉立更加显著。通过体育舞蹈课程建设工作的开展,能够为学生矫正日常生活中不良的身体形态提供帮助,从而能够在根本上对学生优美的形体进行有效塑造。

三、能对学生的心理健康起到促进作用

对于现代学生来说,不仅要有强健的体魄,还要保持积极向上的心理状态。在优质的心理状态下,学生学习效率的提升幅度也会加大。

开展体育舞蹈课程建设工作,不仅能使学生的身体素质得到提升,还能借助于优美的舞姿,伴着清扬婉兮的音乐,通过欢快活跃的氛围的感染,使学生在舞蹈动作的完美显示与艺术美感享受中对体育舞蹈的魅力有深入细致的体会,从而使学习的紧张情绪

得到有效缓解,使情感体验逐渐转变为生活的主旋律。

通过体育舞蹈课程建设工作的开展和不断推进,能够使学生对生命的可贵与现实生活的幸福美好有更加充分的了解和认识,进而不断激发学生积极向上的学习情绪,从而起到强健体魄、寓教于乐的教育作用。

四、满足教育改革的需求

从新课程教育改革理念中可以得知,体育舞蹈课程本身就是一种全新的教育方法,能够对学生的身心发展、心理健康教育和文化科学教育都起到促进作用。同时,其在落实素质教育培养复合型人才方面所起到的作用也是不可忽视的。

在学校内开设体育舞蹈课程,并且开展和推进体育舞蹈课程建设,与课程教学改革的要求是相符的,同时,与学校体育课程教育改革发展方向也是相适应的。通过体育舞蹈课程建设的开展和推进,能够有效强健学生的体魄,塑造较好的形体,拉近师生关系,除此之外,还能使学生的审美能力有所提升。[①]由此可以看出,体育舞蹈课程建设的开展和推进是非常重要且必要的。

第三节　体育舞蹈课程建设的现状与问题

一、体育舞蹈课程建设的现状分析

体育舞蹈中包含的内容主要有音乐、体育和舞蹈几个方面,同时其也将人体美、服装美和音乐美的特性体现了出来。

我国的体育舞蹈起步较晚,到了 20 世纪早期的时候,以交谊舞为代表的体育舞蹈才逐渐传入上海,但其很快便受到大众的欢

---

① 黄茜.高校开设体育舞蹈课程的必要性[J].课程教育研究,2017(04):202.

迎和喜爱。新中国成立之后,体育舞蹈开始在全国范围内逐渐传播和发展起来,成为时尚流行的运动项目。

2002年,中国体育舞蹈运动联合会成立。此后,中国体育舞蹈运动联合会调整了体育舞蹈比赛计划,并且确定了每年必须进行的5大项赛事:全国锦标赛、全国青少年锦标赛、全国队形舞锦标赛、全国精英赛、全国城市大赛。

随着体育舞蹈的不断普及和发展,大部分的学校都引入了体育舞蹈,并且开设了相关专业,这是体育舞蹈发展的重要方向之一。在体育舞蹈课程的建设过程中,学生能够充分感受到体育舞蹈优雅的动作、美妙的音乐、漂亮的服饰,这些都能够有效慰藉学生的心灵,陶冶他们的情操,提升他们的气质。

二、体育舞蹈课程建设中存在的问题

(一)教学目标不明确,学生兴趣不高

很多学校开设体育舞蹈课程,都会制定相应的教学大纲。体育舞蹈是体育与艺术高度结合的一项体育项目,对艺术氛围的追求是比较高的。摩登是具有高尚、贵族特质的舞种;拉丁则是时尚的代表,充满青春、热烈、激情。这是很多学生选择体育舞蹈这一课程的主要原因。除此之外,培养艺术修养及审美能力的作用也是他们选择体育舞蹈课程的原因,这与体育舞蹈的价值是相符的。

调查发现,大多数学生是喜欢体育舞蹈的,但也有一部分学生不喜欢体育舞蹈,这就说明,有些学校或者学生对体育舞蹈专业的兴趣淡薄。鉴于此,应通过学校对体育舞蹈这个新项目进行宣传推广,使更多学生了解体育舞蹈,从而有效提升体育舞蹈在学校中的影响力和受欢迎程度。这也从侧面印证了体育舞蹈专业未来的发展前景是可观的。

(二)没有统一的教材

教材在教学活动中是必不可少的重要组成部分。开设体育

第一章 体育舞蹈课程建设的原理与现状分析

舞蹈课程的各个学校所采用的教学大纲都是本校自己制定的,没有形成统一。体育舞蹈方面的书籍有很多,但是,能够作为统一的专业教材的却并没有,这就导致了,尽管大多数学校中都开设了体育舞蹈专业课程,但是,在教学内容上的差异性是非常显著的。这种随意性的、无计划无目的、无教学步骤的教学不利于教学工作的检查和总结,对于教学质量和教学效果的提高是不利的,需要尽快解决。

(三)整体师资水平不高,结构有待改善

教师在体育舞蹈教学中是重要的组织者,其教学水平会对教学效果和学生技术水平的高低产生直接影响。很多学校在体育舞蹈课程方面的师资力量都不够强,专业性匹配度高的教师较少是普遍存在的问题。很多学校在体育专业的课程投入有限,这也在一定程度上限制了师资力量和研究能力水平。

调查发现:体育舞蹈教师主要为中青年,性别搭配比较合理,年龄结构合理;在体育舞蹈教学经验方面,大部分教师的教学经验在5年以下,10年以上的比较少;职称结构方面,助教比较多,而副教授等比较少,这与其年龄结构基本相符;学历结构方面,高学历的人员比例较高。体育舞蹈教学队伍专业素质水平不够高,在教学中难以平衡学生的需求,这就会导致体育舞蹈教学水平较低,对于体育舞蹈课程建设的开展与推进是不利的,需要引起教学部门的高度重视。

(四)技术教学内容安排不够合理

通常情况下,学校开设的体育舞蹈课程在教学内容上会分为理论教学内容和技术教学内容两个方面,其中,技术教学内容占据主要地位,理论教学内容涉及得要少一些。

技术教学内容分为专修、选修和普修三部分。其中,专修课的教学内容为华尔兹、探戈、伦巴、恰恰;选修课的教学内容为华尔兹、探戈、伦巴基本套路;普修的教学内容为华尔兹铜牌。

理论教学内容方面,在课时的安排上没有专门的设置,理论知识只是作为专业技术教学的一个部分,在正式课开始之前进行简单讲解。

由此可以看出,体育舞蹈课程的教学内容安排不太合理,技术教学内容所占比例大大高于理论教学内容,且涉及的内容非常广泛,与课时数不相适应,很难实现既定的教学目标。

(五)学生对教学方法的满意程度不高

调查发现,专修学生对体育舞蹈的教学内容满意程度相对还比较高,学习的内容较多以及涉及的舞种比较全面是主要原因。但是,这里要强调的是,普修的内容是广泛性不够,只能算是初步的掌握,这就导致普修学生对教学内容的满意程度比较低。

(六)体育舞蹈教学课时数较少

调查发现,很多学校会将体育舞蹈专修课方面设置在第五个学期至第七个学期,所设置的周学时为 4 课时,在第六学期至第七学期设置选修体育舞蹈课程,周学时为 2 课时。[①]

由此可见,体育舞蹈教学课时数是比较少的,无法满足学生在这方面的需求,这也就决定了学生在掌握理论知识、动作方面的水平也不会理想。

(七)场地器材紧缺

体育舞蹈课程教学对教学场地的要求是比较高的,通常情况下,23 米 ×15 米的木地板教室就能作为体育舞蹈课程教学的场所,除此之外,还需要一些教学设备,比如,镜子、把杆、音响等。

目前,开设体育舞蹈课的很多学校中,所开发的教学场地基本没有变化,场所的专业性也远远不够,比如,专修体育舞蹈的学

---

① 司丽艳.宿州学院体育学院体育舞蹈课程建设研究[J].赤峰学院学报(自然科学版),2012,28(14):98-100.

生的上课场所主要是图书馆及空旷的教室,而选修体育舞蹈课程的学生的上课场所则只能是空旷的教室,这就反映出了教学场地的紧缺是普遍存在的问题,会影响到教学质量以及教学活动的顺利开展。

(八)教学考核方法落后

通常,针对体育舞蹈课程的教学,所采用的考核方法为30%的平时分+70%的技术考核分,没有涉及理论及教学实习方面。对于这种考核方法,大部分的学生是认可的,因为其能满足大多数人的要求,但是,这种方法对于专修体育舞蹈的考核的合理性就有待商榷了,大部分学生觉得不合理。因此,这就要求体育舞蹈课程建设过程中,要注意考核方法的与时俱进,从而使大部分学生能够对其持认可的态度。

第四节 体育舞蹈课程建设的影响因素分析

体育舞蹈课程建设的开展和推进,会受到多方面因素的影响和制约。通过归纳总结,整理为以下几点:

一、国家政策

学校体育发展目标的确定,是以学校的体育政策为基础的。

近几年,国家越来越重视学校体育的发展,并且颁布了相关的政策、法规,以及相应的发展目标。比如,《关于深化教育改革全国推进素质教育的决定》中,将加强体育工作的任务明确提了出来;《大学生体质健康标准》的推行与实施,目的在于促进学生形成良好的健康体育方式,提高学生的身体素质;《国家中长期教育改革和发展规划纲要(2010-2020)》的实施,主要目的在于坚持"健康第一"的指导思想;而《全民健身计划(2011-2015)》

的提出,则明确规定了学生在校的锻炼时间应该是足够的,具体要求为:每天参加的体育锻炼时间不能低于1小时。全民健身计划的实施,所产生的积极影响在很多方面都有所体现,对于体育舞蹈来说,其广泛开展以及在学校中专业课程的开设,也是得益于全民健身计划的推进的。由此可见,国家政策在体育事业的发展方面所起到的统领作用是非常重大的。

从总体上来说,体育事业的发展,是离不开国家政策的扶持的,因此,一些战略目标的制定和实施,会将其在体育事业发展方面的积极影响充分体现出来。但是,具体到体育舞蹈项目,国家层面的具体性的政策文件是欠缺的,而一些高校在课程的开发和实施上基本都是遵照国家政策的大方向。由此可以看出,国家的政策与体育舞蹈课程建设的开展和推进关系密切。

二、社会需求与发展

社会需求,决定了社会供给,表现在体育舞蹈中,即社会对体育舞蹈课程的需求,就决定了体育舞蹈课程的开设与建设工作是必须要推进的重要方面。体育舞蹈作为体育健身运动的重要项目,其在全国范围内都有非常大的需求,供不应求,因此,未来体育舞蹈专业的毕业生就业前景良好。但是也要清醒地认识到,随着体育舞蹈的发展以及专业的设立,体育舞蹈人才数量增加,学习体育舞蹈的人数也急剧增加,同时个别院校还适当调整了本科体育舞蹈专业的规模和学科设置,"精英教育"开始逐渐向"大众教育"的模式转变,这也使得大众接受体育舞蹈专业教育的机会有了很大的提升,致使大批的毕业生开始涌入市场。由此,便导致了现在的体育舞蹈人才"供大于求"的局面。导致这一局面产生的原因有三:一是体育舞蹈行业的流动性不大;二是社会对体育舞蹈专业的毕业生需求开始呈现出下降的趋势,体育舞蹈的就业正面临严峻的形势;三是现代社会政治相对稳定、经济持续发展,在这样的形势下,人们会将更多的时间和精力转向自身健康,转向体育运动,而体育舞蹈兼具美感与健身效能,如果开展得好,那么就会成为人们运动的重要选择之一。因此,对于体育舞蹈课程建设及其未来的持续发展来说,当今社会的发展是一个契机,这也为体育舞蹈项目的发展提供了广阔的空间。

三、学校场地器材

体育舞蹈只是学校体育开设的学科之一,用于专项的经费会受到制约,较为侧重其他学科,体育舞蹈课程建设方面的经费非常少,甚至没有。这就会导致体育舞蹈场地建设无法开展,教学器材的配备也不理想。完善体育舞蹈场地设施既是教师教学的要求,也是学生学习的需要,体育舞蹈课程建设中的场地器材问题,会对课程进程与教学环境的设置产生直接影响。

从学校体育舞蹈场地器材的情况看,很多学校都只有一个体育舞蹈的训练室,每节课大约能满足 30 名学生的学习训练,而体育舞蹈对场地的要求比较高,是否在室内、是否有镜子等都会对体育舞蹈课程的质量产生直接影响。可以说,学校体育舞蹈场地器材不足是影响体育舞蹈课程开设的重要因素,学校应该对这一问题加以重视,从经费以及其他方面着手,尽快解决这一问题。

各学校的体育舞蹈场地器材,如舞蹈房,好的体育舞蹈教学场地以及器材设施给人以美的享受。在完善的教学场馆内可以有现代化的设备,如舞蹈影音播放设备可以随时在课堂使用。通过相关调查发现,目前室内体育舞蹈场馆还无法使教学要求得到较好满足,室外运动场地较为紧张,有的学校场地固定,有的体育舞蹈教学场地要由任课教师随时选择方便教学的空地,无法保障各种教学设施,导致教学方法、手段等难以创新,进而对体育舞蹈课程建设产生影响。

四、师资培训

关于体育舞蹈师资力量建设,主要特点为不均衡。调查发现,部分学校体育舞蹈课程教学师资力量较为雄厚,但是,大部分学校表现一般。导致这一现状的主要原因在于经费不足、政策设计不够精准、学校重视程度不够等方面。对于体育舞蹈师资的培训与提升来说,良好的经费条件和教学科研环境是重要的基础条件,不可或缺,否则,就无法保证其专业水准的提升。

五、课时分配

关于体育舞蹈课时分配问题,各学校由于在体育舞蹈课程教学中对学生有着较高的要求,这就导致学生在学习体育舞蹈过程中通常会感受到较大的压力。[①] 调查发现,大部分的学校所开设的体育舞蹈课程中,通常会每周开设一次课,即两个学时,所以两次课之间间隔时间为一周,周期较长,这对于学生的系统学习是不利的,会导致学生技能学习效果差。有的学校只有半学期十八学时的体育舞蹈课,这就使学生的学习增加了难度,且每节课中,大部分时间被技术学习占用,很少涉及理论课学习和介绍,无法较好地满足学生的学习愿望。各高校体育舞蹈课程建设受阻,从而也对体育舞蹈课程建设产生重要影响。

---

① 李晓琳.湖南省体育教育专业体育舞蹈专修课程建设研究[D].吉首大学,2016.

第二章　体育舞蹈课程建设的实践探索

体育舞蹈课程建设是一个庞大的体系,体系内涵盖众多的要素,每一个要素都是非常重要的,因此在建设体育舞蹈课程的过程中要充分考虑这些要素,不能忽略了任何一方面的建设。在具体的体育舞蹈课程实践操作中主要涉及体育舞蹈课程资源的开发、体育舞蹈课程教学体系的构建、体育舞蹈课程教学要素的革新等几个方面,一定要引起重视。

第一节　体育舞蹈课程资源的开发

体育舞蹈课程资源是体育教学活动的重要载体,离开了这一资源,教学活动便无法进行。因此,加强体育舞蹈课程资源的开发非常重要。在体育舞蹈课程资源开发的过程中需要讲究一定的方式和方法。常用的资源开发方法主要有以下几种:

一、改造法

改造法,是指根据体育舞蹈课程具体实施对象与实施条件等的不同而对原有体育舞蹈课程内容资源的某个构成要素进行的适应性修改、加工的方法。这一方法在体育舞蹈课程资源开发中非常常用。

例如,在学生学习并熟练掌握了基本的体育舞蹈动作后,体育教师可以采用模拟比赛、表演、测验等教学方法,通过刻意缩小场地、为学生施加压力、设立临时比赛规则等手段来提升学生的反应能力、心理抗压能力等,这就是为了培养学生适应比赛和表演需要而进行的改造。需要注意的是,虽然改造后的体育舞蹈课程无论在内容上还是在形式上都保留了原先的元素和特征,但是性质却发生了一定的改变,体育舞蹈课程资源的这一改造过程可以说是一个资源开发、创新与重构的过程。在体育舞蹈课程资源开发的过程中,体育教师一定要利用好这一方法。

二、拓展法

拓展法是指在形式、功能、具体内容等方面对原有体育舞蹈课程内容资源进行拓展和补充,促使体育舞蹈课程内容、功能、形式更加丰富的一种方法。这也是体育舞蹈课程资源开发的重要手段与方法。例如,在学习的初级阶段,体育舞蹈教师可运用多媒体教学手段,播放拉丁美洲黑人在劳动时头顶大筐搬运香蕉等水果时的场景以及一段精选的伦巴舞视频作为情景导入,然后穿插进伦巴舞的发展历史、风俗故事等,激发学生学习的兴趣,让学生喜欢上这项运动。另外,还可以通过各种动作的展示帮助学生建立正确的动作表象,如学生通过动作展示能了解伦巴舞必须脊椎直、双肩平,当脚要出步时,脚掌用力踩地,膝部稍弯曲,此时重心在另一条膝部伸直的腿上,当重心移到出步脚,脚后跟落下,胯部也随之向侧后方摆动,直至膝部伸直,另一条腿放松稍屈,四拍三步中每步都是半拍脚步到位,而臀部则看似轻快柔和,实则内存一股韧劲连绵不断摆动。除此之外,还可以加入一些优秀伦巴舞选手的励志故事以激励学生以更加积极的学习姿态投入学习之中,从而取得理想的教学效果。[①]

[①] 周哲颖.我国体育院校体育舞蹈课程内容资源开发的研究[D].北京体育大学,2013.

三、筛选法

筛选法是指开发主体按照一定的标准从大量的体育舞蹈课程内容资源中选择出适合体育舞蹈课程的内容的方法。体育舞蹈课程的内容资源非常丰富,仅竞技体育舞蹈就有团体舞、拉丁舞 5 个舞种和国标舞 5 个舞种,存在着"教师教不完""学生学不完"的情况,因此如何更好地筛选体育舞蹈内容资源就成为一个重要的课题。

体育舞蹈课程内容资源的筛选不能盲目进行,要有一定的标准,在筛选时需要考虑各种因素,如社会发展需求、国家的教育政策、学校的体育指导思想、体育舞蹈教材、学生的基础条件、具体课程安排等,这些因素将对体育舞蹈课程资源的筛选产生至关重要的影响。因此,筛选法就成为体育舞蹈课程资源开发的一种重要方法,这一方法运用起来相对简单,具有很强的操作性。

四、整合法

整合法是指将各种体育舞蹈课程内容资源的某些要素进行组合、整理,使之有机结合成新的体育舞蹈课程内容的方法。这也是一种体育舞蹈课程资源开发的重要方法。

整合法的应用范围可以说是非常广泛的,也有着多种多样的方式。主要包括以下几种类型及方式:

(1)同一类型体育舞蹈课程资源的整合,如身体练习资源之间的整合、知识资源之间的整合、动作技能资源之间的整合等。

(2)不同类型体育舞蹈课程资源的整合,如身体练习资源与知识资源之间的整合、知识资源与经验资源之间的整合等。

(3)体育舞蹈课程与其他体育课程之间的整合,如体育舞蹈与健美操之间的整合、体育舞蹈与瑜伽之间的整合等。

(4)体育舞蹈与其他非体育课程之间的整合,如体育舞蹈与音乐之间的整合、体育舞蹈与摄影之间的整合等。

第二节 体育舞蹈课程教学体系构建

一、体育舞蹈教学目标

构建体育舞蹈教学体系,首先要确立一定的教学目标,这样才能有的放矢,保证教学体系建设的顺利进行。一般来说,体育舞蹈教学目标主要有以下几个部分:

(一)知识技能发展目标

体育舞蹈教学的知识技能发展目标主要是指通过教学活动,丰富学生的体育舞蹈的理论知识,提高学生的体育舞蹈技术动作。

一方面,体育舞蹈理论知识是学生参与体育舞蹈学习与运动技能习练的重要基础,缺少了理论知识的指导,教学活动就显得比较盲目,难以取得理想的教学效果。因此,在平时的体育舞蹈教学中,体育教师要指导学生更加深刻地理解体育舞蹈知识与技能原理,提高学生的体育舞蹈理论素养,从而为体育舞蹈习练奠定必要的基础。

另一方面,在具体的体育舞蹈教学中,体育教师要指导学生熟练掌握体育舞蹈技术动作、身体锻炼方法、体育舞蹈基本套路等,不断提升学生的体育舞蹈运动能力。

(二)体形姿态发展目标

学生正处于青春发育期,身体形态的可塑性非常强,经常参加体育舞蹈习练能很好地塑造学生完美的形体和姿态。因此,体形姿态的发展也是体育舞蹈教学的一个重要目标。

体育舞蹈是与形体姿态发展密切相关的一项体育运动,它对于学生形体和姿态的完善具有显著的作用,因此说改善学生体形和姿态是体育舞蹈教学一个非常重要的教学目标。

(三)身体素质发展目标

身体素质是指人体的各种机能能力,主要包括力量、速度、耐力、灵敏、协调、柔韧等各方面的素质。这些身体能力是个体参与运动的重要基础,因此发展学生身体素质也就理所当然地成为体育舞蹈教学的一个重要目标。

身体素质在体育舞蹈中的作用非常明显,如各种舞蹈动作的力度、速度、幅度、高度、协调性等的发展都需要学生身体素质作基础,如果学生的身体素质不过关,就无法很好地完成体育舞蹈技术动作。因此身体素质也是体育舞蹈教学的一个重要目标。

(四)心理素质发展目标

体育舞蹈的前身是社交舞,对舞者的品行、道德、艺术审美等都提出了较高的要求,因此促进学生心理素质的发展也就成为体育舞蹈教学的一个重要目标。

在体育舞蹈教学中,体育教师要结合体育舞蹈项目的基本特征与学生的具体实际,将思想政治教育充分融合进体育舞蹈教学之中,培养学生正确的道德观和价值观,提高学生的艺术素养,培养学生独特的个性。

(五)艺术审美发展目标

体育舞蹈本身就散发着美,能给人以美的享受,因此体育舞蹈具有重要的美育价值。通过体育舞蹈教学,能培养学生良好的审美观念、提高学生欣赏美与创造美的能力。因此,促进学生的艺术审美观也是体育舞蹈教学的一个重要目标。

总的来说,在体育舞蹈教学中,要将提高学生的审美意识与能力作为一个重要的教学目标,在具体的教学过程中,要着重培养学生的审美观念和审美情趣,不断提升学生的审美能力。

二、体育舞蹈教学方法

(一)常见的体育舞蹈教学方法

1. 讲解法

讲解法是指体育教师运用语言讲解向学生说明教学任务、动作名称、作用、要领、做法和要求等,以帮助学生学习和掌握基本知识与技能的方法。这一教学方法在体育舞蹈理论教学与实践教学中都较为常用。

体育教师在运用讲解法教学时需要注意以下几点:
第一,讲解要有一定的目的性,不能盲目进行。
第二,讲解的语言要简洁、精练,切忌烦琐。
第三,讲解的语言要生动形象。
第四,要把握讲解的时机和效果。

2. 示范法

示范法是指教师通过示范传授技术和指导学生进行练习的方法,这一方法在体育舞蹈教学中也得到了广泛的运用。体育教师通过正确规范的示范动作能帮助学生建立动作的感性认识,帮助学生更好地理解技术动作,从而提高运动水平。

在运用示范法进行体育舞蹈教学时,需要注意以下几点:
第一,教师示范的动作要规范和正确,追求示范动作的完整和完美。
第二,体育教师的示范要选择合适的位置、时机等,有利于学生进行观察。
第三,体育教师的示范要与讲解有机结合,要充分调动学生学习的积极性,对学生形成有效的刺激,促使学生积极主动地参与到教学活动之中。

3. 领带法

体育舞蹈的运动形式比较特殊,学生在学习的过程中需要体育教师通过领带的方式来讲解教学的难点与重点,在教师的带领下,学生学习与掌握技术动作,这就是所谓的领带法。

在采用领带法进行体育舞蹈教学时需要注意以下几个方面:

第一,体育教师要一边示范,一边采用手势、口令和语言等方法进行教学。

第二,体育教师在教学过程中要注意调整示范的位置、示范面,以使学生能清楚地看到教师的示范动作。

第三,对于复杂动作,体育教师可采用分解和慢速带领的方式进行教学,在学生熟练掌握技术动作后,再恢复正常的速度领带。

4. 提示法

提示法是指体育教师以简短的语言或非语言提示的方式来指导学生进行练习的一种方法。提示法主要包括语言提示法和非语言提示法两种。

在运用这一教学方法时需要注意以下几点要求:

第一,体育教师要掌握提示的时机,保证学生对体育教师的提示能做出及时的反应。

第二,体育教师要将语言提示和非语言提示有机结合起来进行,以提高教学效果。

第三,体育教师要针对结束环节的难点与重点进行特别的语言提示,以加深学生的印象。

5. 完整法和分解法

在体育舞蹈教学中,完整法与分解法非常常用。以完整技术练习为主的教学法就是所谓的完整教学法。把完整技术合理地按技术环节或按身体部位分成若干教学部分或局部动作分别进行教学,再将各部分动作或各局部动作连贯起来,最后掌握完整技术的教学方法,就是所谓的分解教学法。一般来说,完整教学法适用于简单易学的技术动作,分解教学法则适用于较为复杂的技术。

采用完整法和分解法进行教学时,需要注意以下几点:

第一,采用完整法教学时,要遵循由慢到快、由一般到重点、由少到多、由易到难的基本原则。

第二,采用分解法教学时,各技术环节的分解要合理,要有利于学生学习和掌握。

完整法和分解法都不是万能的,需要结合起来使用。

6. 意念法

意念法是指通过思维活动让学生在想象中完成动作的一种注重"心理练习"的教学方法,这一方法又被称为念动教学法。这一教学方法要求体育教师必须具备良好的体育舞蹈素质,能充分理解体育舞蹈的内涵,能熟练掌握与运用体育舞蹈技能。

采用意念法进行教学时,需要注意以下几点:

第一,体育教师要密切观察学生,然后及时引导学生进行意念运动表象。

第二,学生要熟练掌握技术动作,这是意念教学的重要前提。

第三,体育教师要善于启发学生应用意念进行学习,这能很好地提升学生的运动智能水平。

(二)体育舞蹈教学方法选择与优化的原则

1. 简便性原则

体育舞蹈教学要遵循简便性的教学原则,这一原则要求体育教师对体育教学方法的实施步骤与程序进行适当的简化,将不必要的操作舍弃,但不能破坏结构上的紧密性、协调性与连贯性,也不能对体育教学方法功能的发挥造成干扰,更不能影响教学效果。经过处理后的教学方法应更加精简、有效,有利于体育舞蹈教学目标的实现。

但是,需要说明的是,体育教师在选用与评价体育舞蹈教学方法时,不能仅仅只重视教学方法的简便性,否则就会造成评价的片面性,不利于教学目标的实现。因此,体育舞蹈教学方法的优化,不能仅仅考虑简便性原则,还要结合其他原则综合起来运用,这样才能取得理想的教学效果。

2. 系统性原则

系统性原则也是体育舞蹈教学方法优化应遵循的一个重要原则。这一原则充分反映了教学方法发展的客观规律,能揭示教学方法的特征。在贯彻与运用这一原则时,需要从系统论出发,整体上考察体育教学方法。其原因主要有以下两点:

(1)教学方法本身的存在形式具有系统性

第一,体育舞蹈教学方法的构成要素之间是有机联系的,它们相互融合成为一个整体,该整体所具有的系统质(整体质或整体涌现性)是其各组成要素所不具备的。

第二,体育舞蹈教学方法是一个整体的有机系统,组成该系统的各个子系统具有一定的层次性特点,它们有序联系,密不可分,任何子系统都不能被其他子系统所替代。

第三,体育舞蹈教学方法体系中各要素相互作用,为了实现共同的目标而发生着密切的联系,这个目标就是整体目标或系统目标。

第四,体育舞蹈教学方法系统内各组成要素之间的关系非常密切,相互依赖、相互作用、相互制约。

(2)体育教学方法与环境的互动是开放的

体育舞蹈教学方法体系具有一定的开放性特点,其发展离不开与环境的开放式互动。一般情况下,体育舞蹈教学方法的开放程度越大,同环境的关系越紧密,那么其发展就越有利。

因此,在选择与优化体育教学方法时要严格贯彻系统性的基本原则,合理地把握体育舞蹈教学大系统中各子系统之间的联系,并探讨与其他教学要素之间的相互关系,这样才有助于实现既定的体育舞蹈教学目标。

3. 动态性原则

体育舞蹈教学方法具有相对稳定性的特点,在具体的应用中会有很多因素会影响教学方法实施的最终效果。而且教学方法与手段也随着教学思想、教学内容的变化而不断变化,教学方法呈现出一定的动态性特点。因此,优化体育教学方法时也要遵循动态性的基本原则。

体育教师在选择与优化体育舞蹈教学方法时不能盲目进行,首先选择的教学方法要能被学生所接受,然后运用到实践中,经过实践检验后被校正、修改,从而一步步趋于完善,这是一个长期的过程,切忌急于求成。

受各种因素的影响,教学方法是处于不断地发展和变化之中的,其本身具有一定的继承性、发展性特点,因此我们不能机械化地对待每一种方法,也不能完全将某种教学方法限定在某个领域使用,这种僵化的思想会导致教学方法的功能作用得不到发挥。坚持动态性原则,要求在教学方法的优化过程中善于选择、懂得扬弃、勇于创新,实现体育舞蹈教学方法体系的完善与发展。

4. 综合复用原则

体育舞蹈教学方法属于一个有机整体,各部分或者子系统都有独特的功能,存在着一定的互补关系。因此,在选择与优化体育舞蹈教学方法时要充分贯彻综合复用的基本原则。也就是说,为了达到预期的体育舞蹈教学目标,必须从系统角度出发优化组合不同的教学方法或同一教学方法中的若干因素,使教学方法的综合功能得到充分发挥。这一原则集中反映了体育舞蹈教学方法实践运用的辩证性特点。

一般来说,不同的教学方法存在功能上的区别。可以说,任

第二章 体育舞蹈课程建设的实践探索

何一种教学方法都不是万能的,本身均存在着一定的局限性,但是这一局限性对教学方法本身的发展也具有一定的促进意义,教学方法的变革与发展就与自身的局限性有一定的关系,正因如此,教学方法才得以不断完善与发展。

体育教学方法的发展遵循一定的规律,一些教学方法如果难以适应时代的要求或满足新的需要,就会进行一定的改革或创造新的教学方法,这是体育教学方法发展的基本规律。体育舞蹈教学可以说是复杂的教学活动,在教学过程中涉及丰富多样的教学内容,要完成多方面的教学任务,实现多个领域的教学目标,为了适应这一要求,在教学过程中必须采用多元配套的体育教学方法。但在教学实践中,因为体育教师没有充分认识到体育舞蹈教学的复杂性,所以习惯性地将某种教学方法或模式一用到底,导致教学结果不理想。因此,体育教师不能只采用单一的教学方法,要将各种教学方法综合起来运用,这样才能取得理想的教学效果。

(三)体育舞蹈教学方法选择与优化的策略

1. 转变思想,掌握现代化教学技能

据调查发现,目前我国很多体育教师都普遍缺乏现代化的教学观念,不能积极主动地去掌握与提高现代化教学技能。导致这一现象的主要原因在于学校教学设施条件较差、体育教师缺乏现代化教学意识、运用的现代化教学手段较少等。体育教师缺乏现代化教学技能,又直接制约了体育教学的现代化发展。为了改变这一现状,体育教师应主动转变思想,树立现代化教育理念,积极学习一些操作性强且对提高课堂教学质量有帮助的现代化教学技能,并将其充分运用于体育舞蹈教学之中,这样能很好地促进体育舞蹈教学质量的提高。

需要注意的是,现代化教学手段也不是万能的,也存在一定的局限性,在体育舞蹈教学中,体育教师要尽可能发挥它们的可取之处,避免不利因素的干扰。体育舞蹈教学效果的实现在一定程度上是由体育教师对现代化教学手段的运用能力所决定的。因此,要实现体育舞蹈教学的目标,首先要培养体育教师的现代化教学素养,使其具备熟练运用各种现代化教学手段的能力。体育教师要从思想上高度重视现代化教学手段的利用,积极主动参加培训,不断提升自己的现代化教学能力,进而提升体育舞蹈教学质量。

2. 注重对体育教学用具的优化与运用

随着时代的不断发展,大量的现代教学用具被应用于体育教学之中,这为体育教师的教学提供了便利。如在体育舞蹈教学中,体育教师要生动立体地讲解一些运动项目的规则、动作技巧是有难度的,而通过视频、图片等现代化的形式授课能帮助体育舞蹈教师轻松地解决这个问题,往往能取得理想的教学效果。

3. 积累与分享资源,发挥网络教学资源的价值

在现代网络技术快速发展的背景下,搭建一个网络平台能为体育教师的学习与教研提供一定的便利。目前,网络上有很多可供体育教师学习与教研参考的资料,但只有少数的教学资源适合直接用于体育课堂教学中,也没有系统专业的教学资源库可供体育教师参考。为了解决这一问题,切实为体育教师的现代化教学提供便利,需积极搭建网络平台,加强对现代化体育教学资源库的建设。建设这类资源库,体育教师也应参与其中,如养成积累素材的好习惯,定期对好的教学素材进行分类整理,以充实与丰富资源库,实现资源共享。长此以往,体育教学资源库系统会越来越庞大,资源越来越丰富,从而有利于体育教师开展体育舞蹈教学活动。

三、体育舞蹈教学模式

（一）体育教学模式的概念与特点

1. 体育教学模式的概念

关于体育教学模式的概念，目前并没有一个统一的定论。纵观不同学者对体育教学模式的看法，可以将体育教学模式分以下几点理解：

（1）体育教学模式是教学活动的结构或者是基本框架。
（2）体育教学模式属于教学活动的策略与程序。
（3）体育教学模式是操作教学活动的形式与方法。
（4）体育教学模式是对教学理论的设计与组织。

可以说，体育教学模式是一种"体育教学活动开展所必需的方法论体系"，是在一定的教学理论以及思想的指导之下形成的教学活动的基本框架以及策略体系。

2. 体育教学模式的特点

（1）整体性特点

①体育教学模式属于一个完整的体系，该体系主要包括教学思想、教学目标、操作程序、教学条件、教学评价等元素，按照教学模式妥善安排的各教学要素，能保证体育教学活动的顺利开展。

②体育教学模式的选择会在一定程度上影响体育教学的效果。不同的体育教学模式的要素组合可以构成不同类型的教学模式，不同的教学模式以及如何组合利用会产生不同的体育教学效果。

③体育教学模式的应用所解决的主要问题是体育教学的整个教学任务的完成问题，对教学中的细节问题难以一一照顾到。

（2）简明性特点

体育教学模式可以说是关于教学活动安排的一个大体的思

路与框架,具体的教学细节还需要教师与学生的共同配合去解决。简单来理解,体育教学模式就是简化了的体育教学结构理论模型,它从理论高度对体育教学实践活动进行概括、总结,提供框架,更细致的内容需要教师去深入研究与安排。

(3)稳定性特点

任何教学模式的出现都经历了一个复杂的过程,确定之后就具有一定的稳定性。一定的教学模式必然是建立在既定的体育教学理论的基础上的。不同的教学模式依据不同的教学理论对教学活动进行整体规划,可促进不同的体育教学目的的实现。

体育教学模式在确立并经过一定的实践检验后,其结构就会确定下来,内部各要素及各要素之间的关系也会确定下来,不能随意改变。这充分说明体育教学模式具有一定的稳定性特点。

(4)可操作性特点

体育教学模式必须要具有一定的可操作性,否则就失去了应有的意义。任何一种体育教学模式都必须能在体育教学实践中应用,如果只能停留在理论阶段,那么其发展就成为空谈。随着现代体育教学的不断改革,创新的体育教学模式也大量涌现出来,教学模式在创新与发展的过程中,必须注重是否具有可操作性,没有可操作性的教学模式是没有好的发展前程的。

(二)常见的体育舞蹈教学模式

1.成功式体育教学模式

成功式体育教学模式是借鉴"成功教育"的理念与方法而形成的一种教学策略,利用个体的成就动机进行教学,挖掘学生学习动机,最终取得良好教学效果。这一教学模式在体育舞蹈教学中也得到了一定程度的运用。

成功式体育教学模式非常重视学生主体作用的发挥,要求通过学生自己的努力完成学习目标,让学生树立学习的自信心,不断提升自身的综合素质与学习能力。

（1）指导思想

①以学生为主体组织教学活动,关注学生的学习过程与学习效果。

②为学生创造和谐的学习环境。

③相对评价与绝对评价相结合。

④十分重视学生的学习过程,注重学生学习过程中的表现。

（2）优缺点

①优点

第一,成功式教学模式重视学生"成功感"的获得,有利于学生认识自己,有利于学生在学习中发扬"艰苦奋斗"的精神,坚持不懈完成学习任务。

第二,成功式教学模式重视学生在学习过程中的亲身体会和体验,有利于提高学生的自我学习能力。

②缺点

成功式教学模式的教学组织工作难度较大,教学内容和方法选择难,再加上不同学生的学习能力不同,教学目标难确定,过高或过低都会影响学生的学习体验和最终教学效果。

（3）适用条件

①可以采用分组教学的形式。

②教学有充分的体育教学资源支持。

③体育教师具备良好的教学组织与管理能力。

（4）操作程序

成功式体育教学模式的操作程序如图2-1所示。

2. 小群体体育教学模式

小群体体育教学模式是指在体育教师的指导下,把学生分成若干个学习小组,同组学生之间通过互动、互助、互争的体育学习,以实现既定的教学目标的一种教学模式。

图 2-1

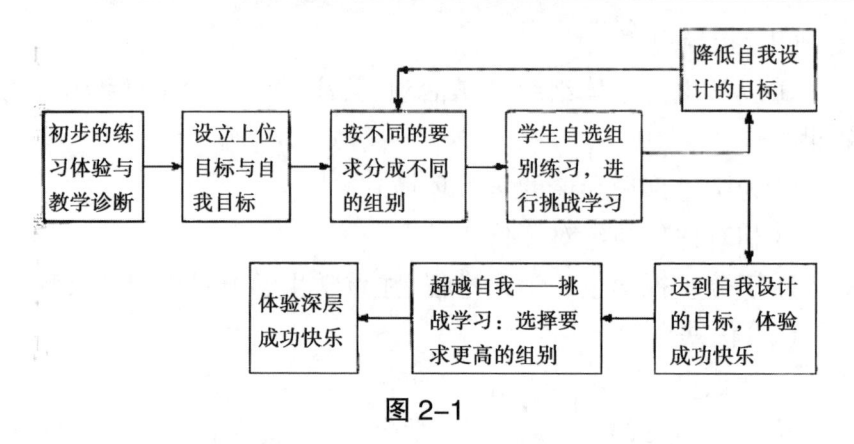

（1）指导思想

①培养学生的良好品质。

②促进学生的全面发展。

③促进学生学会竞争与合作。

④培养和提高学生的社会适应能力。

（2）优缺点

①优点

小群体教学模式消除了以往体育教学不尊重学生个体、一刀切教学和定式教学的问题。更注重以学生为中心，发挥教材、教师与器械资源为学生服务的作用，有助于激发学生学习的积极性，有助于学生获得良好的参与体验。

小群体教学模式具有"群体性"特点，有助于培养学生良好的团队意识、团队协作能力、合作能力，有助于提升学生沟通、表达、交际能力。

小群体教学模式更充分地尊重了学生个体的需要，学生个体的意见、能力、学习需要在小群体中得到尊重，同时，学生也应学会尊重他人，并服从整体。

②缺点

小群体教学模式重视对学生的社会性培养，这要求教师在学生的社会性实践中花费较大的教学实践，可能压缩学生的身体练习时间。

对于不善表达的个人,可能导致个人观点在集体讨论中的被忽视和"失声"。对此类学生,教师应多加关注和引导表达。

（3）适用条件

①学生有团队意识和协作能力。

②体育教学条件好,器材设备充足。

③体育教师具备良好的教学能力,能实现对学生的合理分组和教学引导。

（4）操作程序

小群体体育教学模式的操作程序如图2-2所示。

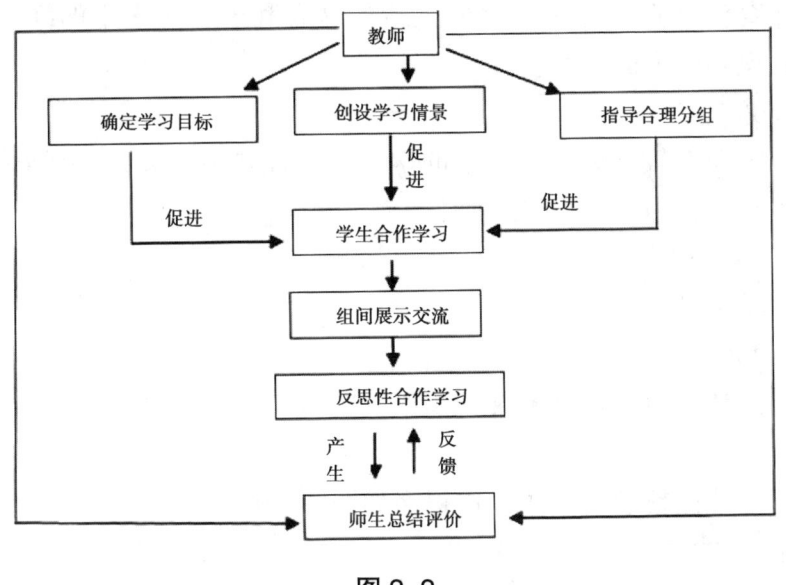

图 2-2

3. 主动性体育教学模式

主动性体育教学模式以"学生是体育教学的主体"理论为指导,强调良好体育教学环境的创造,提高学生的学习主动性,促进教学从"要我学"向"我要学"的转变。

（1）指导思想

①教学应重视学生的教学参与。

②教学应重视学生创新意识的培养。

③教学应重视学生"教学能力"的培养。
④教学应重视学生良好体育品质的培养。

（2）优缺点

①优点

第一，兴趣都是最好的老师，主动性体育教学重视学生主体地位的体现，有针对性地发展学生的主体意识，促使学生主动参与到体育教学过程中，有利于提高学生的学习主动性和自主性。

第二，主动性体育教学模式重视学生体育兴趣引导，体育参与自控能力引导，可促进学生的自我体育学习能力的提高，并使得体育活动真正走进学生的生活。这有利于促进学生的终身体育意识和能力的培养。

②缺点

主动性教学模式对学生的学习自觉性要求较高，如果学生基础不高，会导致教学难以开展。

（3）适用条件

①小班群体。

②学生有学习自觉性。

③教学内容难度不大。

（4）操作程序

主动性教学模式的操作程序如图2-3所示。

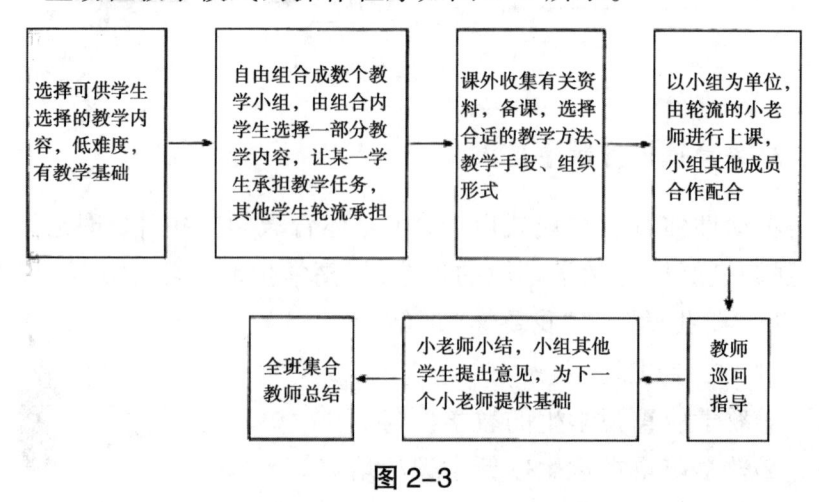

图2-3

四、体育舞蹈教学评价

(一)体育舞蹈教师的教学评价

作为一名出色的体育舞蹈教师,必须要具备基本的教学能力,这对体育舞蹈教学质量的提高有着直接的影响。为此,必须全面评价体育教师的能力,发现教师的不足,针对性地培养与完善教师的专业素质与业务能力。

1. 讲解示范能力的评价

体育舞蹈教学是信息传播与沟通交流的一个过程。体育教师的讲解示范能力将直接影响着学生知识的获得程度。另外,教师的教学技能与学生学习成绩的提高有着直接的关系。在体育教师的评价中,不仅要重视教学技能的评价,还要注重职业技能的评价。体育舞蹈教师讲解示范能力可以从以下几个方面进行评价:

(1)能否清晰、简洁地传达各种教学信息。
(2)能否做出正确、完美的示范动作。
(3)能否运用趣味性的语言激发学生学习体育舞蹈的兴趣。

2. 教法与组织能力的评价

(1)教师教法的评价
①教法是否符合体育舞蹈教材的规定。
②教法是否符合学生的身心规律与特点。
③教法是否与教学环境相符合。
④教法是否有利于体育舞蹈教学活动的开展。
(2)教师组织能力的评价
①教材内容是否符合体育舞蹈教学的基本规律与特点。
②教学组织形式之间的匹配是否合理和有效。

③教学媒体的利用是否具有良好的效果。

④体育舞蹈教学结构是否合理。

3.课堂教学活动的评价

一般情况下,完整的体育舞蹈课堂教学主要由准备阶段、基本阶段和结束阶段三部分组成,可以从这三个方面展开评价。

(1)准备阶段的评价

体育舞蹈教学的准备阶段以导入学习状态,说明教学目的,创设学习情境、氛围,引起学生兴趣等目的为主。可以从以下几个方面展开评价:

①队伍集合是否满足教学要求,能否激发学生学习的兴趣。

②能否在教学活动前安排合适的热身活动。

③是否达到了"寓导为乐"的教学要求。

(2)基本阶段的评价

体育舞蹈教学的基本阶段主要以学习新知识、复习旧知识为主要任务。可以从以下几个方面进行评价:

①体育舞蹈教学场地器材的安排是否合理。

②体育舞蹈教材的安排是否与教学顺序相符。

③体育舞蹈教学是否运用了多样化的教学手段与方法。

④体育舞蹈教师组织的教学活动能否有利于学生综合素质的发展。

(3)结束阶段的评价

体育课堂教学的结束阶段以学生身心恢复到课前状态为主要任务,主要包括放松活动、小结、布置课外作业、归置器材等内容。

①体育舞蹈教学后的放松活动是否合理和完整。

②体育舞蹈教学过程中是否体现了"以学生为本"的教学思想。

③学生是否养成课后收拾运动器材的好习惯。

（二）学生学习评价

1. 体能评价

在体育教学中,体能评价是一项重要的内容。对于体育舞蹈教学而言也是如此。关于学生体质健康评价的内容非常多,总的来看主要以体能为指标,体能是学生参加运动锻炼以及其他一切活动的基础。一般情况下主要测评学生的肌肉力量与耐力、柔韧性、心肺功能等几项体能素质。

评价不同的体能素质,选取的评价指标及方法也不同,如分别用引体向上、仰卧起坐来测试男生和女生的肌肉力量,用1 000米跑、800米跑分别测试男生与女生的心肺耐力,用坐位体前屈测试学生的柔韧性。

2. 健康行为评价

在体育舞蹈教学评价中,学生健康行为评价也是一项非常重要的内容。学生的全面健康包括身体健康、心理健康和社会适应健康等方面。营养、生活方式、环境、体育锻炼情况等是影响学生身心健康的主要因素。在体育舞蹈教学中,应在学生掌握各项运动技能的同时开展健康专题教育,将学生的健康行为纳入评价内容体系中,这样才能促进学生全面素质的发展。

3. 学习态度评价

学生学习态度评价也是体育舞蹈教学评价的一项重要内容。这主要是看学生是否具有强烈的学习欲望,是否具有高涨的学习热情和较强的专注性,是否具有主动学习的意识和习惯等。

4. 知识与技能的评价

（1）知识评价

要想更好地学习与掌握体育舞蹈知识与技能,学生还必须要具备良好的知识结构体系。通常情况下,学生体育知识学习的评价主要包括人体科学知识、体育理论知识、社会学知识、美学知识、心理学知识和知识认识评价等方面的内容(表2-1)。

表2-1 学生体育知识学习的评价

知识类型	从哪些方面评价
人体科学知识评价	(1)人体生理各项变化的基本规律;(2)运动卫生与自我保健;(3)运动适应性与运动处方;(4)体育锻炼对人体的各种影响
体育理论知识评价	(1)能否了解和熟悉世界体育史;(2)能否具备良好的理论知识与运动技能;(3)能否具备一定的体育比赛欣赏能力
社会学与美学知识评价	(1)能否了解体育对人成长的影响;(2)能否了解体育的社会价值与魅力等
心理学知识评价	(1)能否了解体育对心理健康产生的影响;(2)能否了解和掌握心理障碍的调节方法
知识认知评价	能否理解知识对未来生活的重要意义

(2)运动技能评价

运动技能可以说是学生完成学习任务和运动锻炼的重要载体。因此体育舞蹈教学评价少不了运动技能评价这一部分。关于学生运动技能的评价主要是看掌握运动技能的质量如何。通过运动技能的评价能有效激发学生学习的积极性,从而提升运动技能水平,促进自身全面发展。

5.情意表现与合作交往的评价

(1)情意表现的评价

情意表现评价的主要目的在于帮助学生养成积极向上、乐学与好学的好习惯。其中学生的学习态度评价也是重要的一方面,同时还要评价学生能否克服困难,正确面对教师的批评等。这些都属于情意表现评价的重要内容。

(2)合作交往的评价

在平时的体育舞蹈教学过程中,学生要养成尊重同学的良好行为,互帮互助、相互提高。对学生进行合作交往评价的主要目的在于让学生正确处理竞争与合作之间的关系,帮助学生解决困难,走出困境,培养学生积极的社会责任感,使其在毕业后能迅速地适应社会。

第三节 体育舞蹈课程教学要素的革新

一、体育舞蹈内容资源的优化

体育舞蹈课程内容资源是体育舞蹈教学活动的重要载体,缺少了必要的课程内容资源,体育舞蹈教学活动便无法进行。因此,加强体育舞蹈课程内容资源的优化与发展是非常重要的。体育舞蹈课程内容资源的优化需遵循以下几个原则。

(一)教育性原则

教育性是体育舞蹈课程资源开发与利用的一个非常重要的原则,这是由体育教育的本质所决定的。教师在体育舞蹈教学实践中,开发与利用体育舞蹈资源必须将资源的教育性功能凸显出来,充分发挥课程资源在培养全面人才方面的作用。

(二)健康性原则

当今学校体育教学非常注重"健康第一"的教学理念,在这样的背景下,体育舞蹈课程教学要凸显课程教学资源对学生"健康发展促进"的作用。开发与利用体育舞蹈课程资源,要坚持健康性原则,以身体练习为主要方式,促进学生健康发展。

在开发与利用体育舞蹈课程资源的过程中,应注重挖掘对学生身心健康有利的,能够提高学生社会适应能力的教学资源。体育舞蹈课程资源还要注重健身性、运动文化传递性与娱乐性,凸显出健身价值。

(三)兴趣性原则

俗话说,"兴趣是最好的老师"。因此在体育舞蹈课程内容资源的开发与利用过程中,应在教学内容上结合学生特点,根据年龄和学段的不同,挑选学生喜欢的内容。这样才能充分激发学生学习的积极性,从而提高学习成绩。

在具体的开发过程中,体育教师要切实落实"健康第一"教学理念,详细了解学生的身心特征、学习基础与运动能力,选择能够满足学生需求,符合学生个性的体育舞蹈内容资源,营造一个良好的、轻松愉悦的教学环境。

(四)主体性原则

体育舞蹈课程内容资源的开发还要重视学生在教学活动中的主体地位,了解学生、尊重学生、关爱学生,将教学观念从教师价值主体向学生价值主体转化,在体育舞蹈课程资源的开发中,也要坚持以学生为主体,充分考虑学生的体育发展、健康发展需求。

体育舞蹈课程内容资源的开发与利用还要从改变教师本位出发,改变传统教学中教育工作者决定教学内容的价值取向,仅方便教师的教的观念,重视学生的价值取向,根据学生的需求开发和利用体育舞蹈课程内容资源,这样才能促进学生的健康发展。

(五)个性化原则

体育舞蹈课程内容资源的开发和利用最终是为促进学生健康服务的,不同学生的健康发展需求不同,因此在体育舞蹈课程内容资源的开发与利用中,要遵循个性化原则。

第一,体育舞蹈课程内容资源的开发要符合全体学生的学习与发展需求,并突出小群体学习与发展特点。

第二,体育舞蹈课程内容资源的开发要立足学校实际,将学校的优势资源充分利用起来,形成本校的特色,从而树立学校品牌,提高学校的影响力。

第三,体育舞蹈课程内容资源的开发突出课程资源特点,要保证开发利用活动具有一定的创造性。

第四,体育舞蹈课程内容资源的开发要凸显出民族特色、地方特色、专业特色。

二、体育舞蹈教学目标的革新

(一)根据学生与社会需求设计与更新教学目标

在建设体育舞蹈课程时,除了考虑学校的具体实际外,还要充分考虑学生的学习需求,这是非常重要的一点。这是因为只有需要才能产生一定的动机,而人的动机则会对其具体的行为进行必要的引导。如果不能满足学生的学习需要,学生学习体育舞蹈的兴趣和动机就难以得到激发。教学目标的制定也同样如此,要依据学生个体的需要及社会需要制定。学生学习体育舞蹈的需要主要通过教学内容的选择反映出来。而在社会需要方面,则要站在育人的高度,科学地设计与安排体育舞蹈课程教学目标,这样才能设计出科学和合理的体育舞蹈教学目标。

(二)重视学生快乐情感的体验

体育舞蹈教学目标的设计还要重视学生快乐情感的体验与激发,要让学生能够感受到成功的乐趣,这样才能帮助学生树立学习体育舞蹈的自信心,从而提高体育舞蹈运动水平。但需要注意的是,重视学生快乐情感的激发不仅仅指的是让学生玩、让学生乐,而是让学生在乐的过程中学习与掌握体育舞蹈知识与技能。

在当今学校教育背景下,快乐学习理念是一个非常重要的理念,属于体育教学的重要组成部分,但在具体的教学中,只重视学生快乐情感的体验是远远不够的,在体育舞蹈教学过程中,学生会经常存在快乐与艰辛、主动与被动、成功与失败等情绪体验,绝对的快乐是不存在的。①因此在设计体育舞蹈教学目标时要充分把握这一要点。

(三)教学目标要体现学生体育运动能力

调查发现,目前我国绝大多数的体育舞蹈教学往往只重视学生运动技能的学习与掌握,而忽略了学生运动能力的培养。这是普遍存在的一个问题。因此,在设计体育舞蹈教学目标时,要将这一方面纳入其中,要重视学生体育学习及运动能力的培养。具体而言,就是要实现以下三个方面的转变:

第一,由"重视学会"向"重视会学"转变。

第二,由"重视运动技能学习"向"重视体育能力培养"转变。

第三,由"重视技能学习与掌握"向"重视情感体验教学"转变。

总之,在体育舞蹈教学中要重视学生运动能力的培养和提高,设计教学目标时也理应考虑这一方面。另外,在体育舞蹈课程教学目标设计的过程中,也不能将培养学生的运动能力简单化、空洞化、庸俗化②,而是要符合实际、自由灵活。

(四)教学目标要依据学生的个体差异而定

随着学校教育的不断发展,体育舞蹈课程教学理念也不断更新,在这样的背景下,学生的主体地位也逐渐明确。对于学生而言,不同的学生具有不同的个体差异,无论是体育舞蹈基础还是运动技能方面都存在着不小的差距,因此在制定与革新体育舞蹈教学目标时,要充分结合学生的个体差异而定,这样才能体现出区别对待、因材施教的教学理念,符合现代学校教育的要求。

---

① 孙慧. 高校体育课程教学目标体系的构建[J]. 武汉体育学院学报, 2005(10).
② 同上.

三、体育舞蹈教学方法的创新

(一)重视教学方法观念的创新

在体育舞蹈教学中,学生居于主体地位,是教学的中心,充分发挥学生的主体性作用至关重要。体育教师也必须要围绕学生这一中心来开展教学活动。体育舞蹈教学方法的设计、选择与实施同样要以体育学科的特点及学生的特征、需求为依据进行,要选择最佳的教学方法,以学科本体和学习者学习规律为出发点,构思理想的教学过程。

具体而言,在体育舞蹈教学过程中,体育教师要先明确要教的内容和通过实施这些内容要达到的目的,然后根据内容的特点、学生的特点以及要达到的目标来对教学过程进行安排,合理设计每个教学环节,在各环节将相对应的恰当的教学方法予以实施,保证各个环节教学工作都能有序开展,且都能取得好的效果。在整个教学过程中教师会创设一些教学情境,不同的教学法适用于不同的情境,教师要明确主要性和辅助性的教学法,灵活地应用这些教学方法。

除此之外,体育舞蹈教学方法的应用还要考虑融入现代科技因素,多采用一些现代化的教学方法,只有不断创新,不断为教学方法添加新鲜因素,才能提升学生学习体育舞蹈的积极性,培养学生的创新能力,这对于体育舞蹈教学质量的提高具有重要的意义。

(二)积极扩展与改进教学方法

要想提高体育舞蹈教学的质量和效果,体育教师必须要采取必要的手段和措施充分发挥体育教学方法的功能,这是一个值得探讨的问题。体育舞蹈教学方法的实施效果受到很多主客观因素的影响,其中客观方面的影响因素中实际教学条件是一个不可忽视的因素,场地器材的数量、规格以及其他教学资源等教学条件都对体育舞蹈教学方法的实施效果有非常重要的影响。

各个地区学校的体育舞蹈教学情况存在较大的差异,这与各地的经济条件、教学资源、体育传统等因素有着直接的关系,如经济条件差的地区教学条件就比较落后,表现为缺乏体育场地器材等,经济条件好的地区教学条件优越,能够为体育舞蹈教学的顺利开展提供良好的保障。为了确保体育舞蹈教学方法在各地区学校中的充分运用,各地都应集中资源来优化教学条件,这是提高体育舞蹈教学方法实施效果的重要路径。

体育舞蹈教学方法的扩展主要包括功能的延伸与应用范围的扩大两个方面。要实现体育舞蹈教学方法的有效扩展,就要在教学组织形式上下功夫,优化改革教学组织形式,如突破传统的按人数平均划分学习小组的分组方法,将学生的兴趣爱好、学习水平、运动基础等作为分组的主要依据,扩展教学组织形式,使不同兴趣爱好、不同学习能力的学生都能获得进步与发展。

根据教学形势与学生学习水平改进体育舞蹈教学方法也是一个值得注意的问题,体育教师应保留原有教学方法中有价值的因素,改革陈旧落后的因素,并在原来的基础上增加新的因素,创造新的教学方法,不断充实与完善体育舞蹈教学方法体系。除了改进体育舞蹈教学方法外,还要加强对教学工具的改良,引进先进的教学手段,这样才能有效地提高体育舞蹈教学效率,实现既定的教学目标。

(三)引进与利用新的教学技术

在现代社会背景下,科学技术得到了广泛的利用,在教育领域,科学技术的应用也非常普遍和频繁。科技推动教育发展的实效有目共睹,因此要继续发挥科技的优势,继续利用科技手段来提高与完善教育技术,使体育教学彰显出时代性、先进性、创新性。体育教学中运用较多的教学技术当属多媒体技术,教师要多引进学生喜闻乐见的多媒体手段,以激发学生学习体育舞蹈的兴趣和积极性,为学生营造一个良好的课堂教学氛围,这对于提升体育舞蹈教学质量具有重要的意义。

四、体育舞蹈教学模式的革新

(一)大力培养学生的综合能力

体育舞蹈教学具有多种多样的价值,不仅能增强学生的体质,丰富学生的体育理论知识,提高学生的运动技能,还能培养学生其他方面的品质与能力。这也是当今素质教育理念的要求。如果学生在体育学习中只满足于学习体育知识和掌握运动技能,而不注重自身非智力因素的发展,那么学生将无法适应现代社会的发展趋势。为了学生的长远发展,体育舞蹈教学必须加强对学生综合素质的培养,这也是体育舞蹈教学模式革新的一个重要的方向。

(二)注重体育教学设计

体育舞蹈教学要保证其科学性和合理性,就要重视体育舞蹈教学的设计。在体育舞蹈教学设计的过程中要将学校、学生、社会需求等方面有机结合起来,从整体上去规划和设计,充分利用学校丰富的资源优势,为学生营造良好的学习环境与氛围。

随着现代社会的不断发展,网络技术的运用也越来越广泛。通过网络技术的利用,体育舞蹈教师能有效地提高自己的教学创造力,学生也能提高自己的自主学习能力,其主体作用能得到极大的发挥,学习需求也能得到极大的满足。通过网络技术的利用也能创造出符合时代发展和教学要求的体育舞蹈教学模式,从而提升教学质量。

(三)注重体育教学模式实施效果的评价

作为一名合格的体育舞蹈教师,还要学会如何设计教学模式。教学模式设计得合理与否将直接影响到体育舞蹈教学的效果。除了注重教学模式的设计外,还要重视对教学模式的评价,要充分了解教学模式的实施效果,促使其不断优化改善。体育舞蹈教师要十分清楚各类教学模式所对应的目标,从而设计出合适的评价目标。

五、体育舞蹈评价的改革

体育舞蹈教学质量的提高离不开教学评价这一环节,通过体育舞蹈教学评价得出的反馈信息,体育舞蹈教师能根据这些反馈信息及时地调整教学方案或计划,从而为教学质量的提高奠定良好的基础。

(一)转变教学评估观念

在传统的体育教学评价体系下,评价的主体是教师,以期末一次性考试成绩为唯一评估结果,这种教学评估忽视了整个教学过程、学生的努力与进步,是不科学的、不严谨的。在新的教育背景下,应坚持"健康第一",坚持以学生为主体进行教学评估,实现体育舞蹈教学评估的科学性和合理性。

体育舞蹈教学过程可以是一个动态发展的过程,针对体育教学的评价也必然需要不断适应新时期时代与社会发展对体育教学的要求,更新与创新评价观念对于促进体育舞蹈教学质量的提高具有重要的意义和作用。

(二)选择科学评估指标与方法

评估指标是否科学、准确,对评估过程能否顺利实施与评估结果是否客观全面有重要影响。在新的学校教育背景下,体育教师应结合教学评估目标,选择正确、科学的评估标准,这样才能为体育舞蹈教学提供真实、客观的依据,根据这些评价反馈信息,体育教师才能及时调整体育舞蹈教学方案,实现体育舞蹈教学的目标。

(三)教学评估主体应多元化

在体育教学中,教学评估的主体是人,无论其在教学中扮演何种角色(教师、学生、领导、专家等),都难免具有个人主观性,也不可避免地会有认识的局限性,评估工作不可能做到完全的客观和全面。因此,要想保证体育舞蹈教学质量的提高,就要进一步完善教学评估,纳入更多的评估主体进行评估,这样才能得出相对客观和准确的评估结果。

(四)建立健全评价监督机制

为促进体育舞蹈教学质量的提高,建立一个科学和完善的教学评估体系是非常有必要的,而要想构建一个完善的教学评估体系,促进教学评估的科学化,还需要建立一个健全的教学评估监督机制,只有通过一定的监督,才能保证体育舞蹈教学评估工作的顺利开展。这就为体育舞蹈教学质量的提高奠定了良好的基础。

第三章 体育舞蹈课程教学的组织与管理

体育舞蹈技能的提升依靠课程教学活动的开展而获得。为此,组织与管理良好的体育舞蹈课程自然是学习相关技能的关键。本章就重点对如何做好体育舞蹈课程教学的组织与管理工作进行研究。

第一节 体育舞蹈课程教学文件的制定

一、教学大纲

实际上,包括体育舞蹈课程在内的所有体育运动类课程的开展都要在一个基本的教学大纲的框架内。教学大纲是最基础的体育舞蹈教学文件,是教学活动的总的参考。

结构完善的体育舞蹈课程教学大纲所包括的内容主要有:大纲说明、教学目标、教学要求、教学内容、教材及参考书、教学设施、考核内容与方法等。

对于体育舞蹈课程的教学来说,其大纲制定要满足如下几点要求:

(1)符合体育舞蹈课程教学的实际。

(2)符合体育舞蹈运动的特点。

(3)能体现教学内容的科学性、系统性和先进性。

(4)对课程任务和教学时数予以确定,并做到时数分配合理。

(5)考核内容应包含理论、技术与技能;考核方法应公平、客

第三章 体育舞蹈课程教学的组织与管理

观、全面,注重采用形成性评价的方法。

二、教学进度

在教学大纲的框架下对教学进度进行具体制定。事实上,对教学进度进行制定会涉及教学任务、教学内容和时数分配,过程中需要将这几点要素进行合理分配和安排,以期将不同难度的教学任务与内容匹配上恰当的教学时数。由此可见,教学进度是详细的体育舞蹈课堂教学的指导文件。

秉承科学性原则制定的教学进度应满足如下几点要求:

(1)在能够突出教学重点的基础上合理安排体育舞蹈教学内容。

(2)不同教学内容之间的安排要有逻辑性。

(3)教学内容应包含涉及体育舞蹈的理论、规律、技术、技能、风格和特点。

(4)教学课时根据教学任务的难易程度搭配合理。

(5)注重理论内容的教学,并在课程教学中坚持理论指导实践。

三、教案

教案是教师结合教学进度对一堂课的教学内容、教学步骤、时间安排和详细步骤等流程进行编写的教学文件。教案是最详细的一级体育舞蹈课程教学指导文件,在编写时应注意做到如下几点要求:

(1)以教学目标和进度为基础确定每堂课的教学任务。

(2)以教学任务为基础确定每堂课的教学内容、方法和组织形式。

(3)以教学内容、方法和组织形式为基础确定每堂课的场地和器材。

(4)课堂教学中要注意做到因材施教和区别对待。

（5）本次课程与下次课程之间应具有一定联系，彼此之间有良好衔接。

第二节　体育舞蹈课程教学的组织与实施

一、教学课的准备

（一）课前准备

课前准备，是在课程正式开始前由教师做出的一切与教学活动有关的实物准备工作。

体育舞蹈课程的教学活动总是需要一定的教学资源，如合适的场地和音乐播放设备、镜面墙等。这些准备与其他类型的体育教学有较大不同，这都与其包含较多的艺术特性有关。有鉴于此，在场地选择上就有了更多的考究，应为平整的木质地板，而不能是坚硬的水泥地。为了使教师和学生看到自己的动作，在体育舞蹈场地中通常还要设置至少三面的墙镜，最为理想的是四面墙镜。此外，场地的面积应大于 150 平方米，场地应有足够的照明以及良好的通风环境。为了顺畅播放舞曲，应配备多媒体播放系统以及相应的扬声系统。

除上述这些主要的场地与设备外，教师的课前准备中如有需要，还可准备摄像机等设备，用以记录下课堂情况以及拍摄学生的学习成果供双方研究。

就体育舞蹈教学的准备工作来说，除了要做好必要的场地和器材等硬件准备外，还有一项关键的硬件，那就是对课程的管理和师资队伍状况。对这两方面的内容具体说明如下：

（1）建立完善的体育舞蹈课堂制度以及场地和器材的使用规范等。

（2）组建专业实力过硬的体育舞蹈师资队伍。

第三章 体育舞蹈课程教学的组织与管理

（3）制定详细、完备且科学的教学方案，特别要严格设定教学步骤与内容等。

（二）课程计划的制定

作为一个体育舞蹈教师，要善于借助有序、系统的课程计划来掌控自己的教学过程。为了使体育舞蹈的教学更加系统和有计划性，教师应对课程做好学期计划和课时计划的设计工作，特别是对每堂课的课程计划，要做得内容详细、步骤合理、方法可行，以此证明教师已经具备驾驭课堂的能力。通常课程计划需要包括培训对象、培训目的、培训内容、教学方法与手段、教学进程以及教学的重点和难点等几个项目。

（三）课程进度

课程进度是体育舞蹈教学必备的教学文件之一，它的建立需要在课程计划基础之上。要做好课程进度的制定工作就要统筹安排每门课程的具体进度，让学生能清晰地了解每门舞蹈课所要掌握的内容和程度。教学进度一般包括课次、课的主要内容、主要教学手段和教学要求等项目内容。

二、教学课的实施

（一）体育舞蹈课程的结构

从总体上看，与其他体育项目的教学结构相比，体育舞蹈课程几乎与之类似，也会将一堂课分为准备部分、主体部分和结束部分。如此划分课程是为了符合人体生理机能变化、心理活动变化和体育舞蹈教学特点的需要。下面以 90 分钟一堂课为例，对其中不同部分的安排进行说明。

1. 准备部分

（1）准备部分的时间可设置为 15 分钟。

（2）通常在准备部分中安排的内容主要为教师向学生布置学习任务，说明课程注意事项以及安排准备活动。

2. 主体部分

（1）主体部分的时间可设置为 65 分钟。如果在某次课程中安排了需要学生付出更多体力的内容，则可视学生的体能状况适当减少一些时间。

（2）主体部分的任务为教师教案中的具体教学内容，这是学生学习体育舞蹈理论与技能的主要阶段。其主要教学内容如下：

①单一动作练习。这种练习的目的为通过单一的、简单的技术动作来为此后的组合动作打下牢靠的基础。

②基本动作组合。这种练习的目的为将两个或两个以上的动作进行结合练习，以期使学生更好地掌握组合动作的完成方法与技巧，为日后单元性动作乃至成套动作的顺利完成打下基础。相比单一动作练习来说，基本动作组合练习需要更高的技术能力，当然形式上也更加丰富。

③单人组合动作。这种练习的目的为让男女学生各自练习自己的组合动作，这是完善自身动作的理想方法。

④双人配合组合动作。这种练习的目的为让男女学生搭配完成组合动作乃至成套动作。这是体育舞蹈实践性最强的练习，考验的是舞者之间的默契与协调。双人配合组合动作以双人配合技术为主，在此需要强调的是在过程中除了要注重两人的技术能力外，还应注重动作的默契度以及身体和表情的表现力。

⑤复习部分。复习部分是遵循螺旋式学习方法的理论而来，即在发现学生有些动作的能力较弱时，可安排相关内容的复习，以巩固和改善学生的不足。为了达到更好的复习与巩固效果，复习部分也可安排在主体部分的第一个环节中。

第三章 体育舞蹈课程教学的组织与管理

3. 结束部分

（1）结束部分的时间可设置为10分钟。

（2）结束部分的作用在于有序结束教学活动。具体内容包括放松活动、教师点评教学情况和布置课后作业等。

实际上，在体育舞蹈教学的实践中，上述课程结构更多是一种总体上的划分参考，在实际教学中很可能因为一些情况的存在而不能做到严格按照这个区分行事，但这并不是什么问题。在实际中，可以依据实际情况对此进行一些调整，但无论作何调整，都要本着科学严谨的原则进行教学安排，如此才能让体育舞蹈课程教学收获最佳的效果。

（二）体育舞蹈教学分组的应用

体育舞蹈的组织特点就是需要由男生女生一同合作完成，如此在教学中就会将学生以性别为依据进行分组，除此之外还会以其他条件作为分组的依据来分组。一个好的分组的意义在于提高教学效率，也有利于增进学生与教师的沟通顺畅度，而效果不佳的分组则会给教学效果乃至教学氛围带来消极影响。

鉴于体育舞蹈的教学特点，采取分组教学的方式来组织教学活动其优势必然大于一般的以自然班为模式的混合教学。分组教学最大的优势在于能够根据不同组别的特点来实施因材施教的教学原则，如专门给男生讲解男士舞步与动作，或针对女生做特别的讲解等，这样教学增添了针对性，教学效率也会大大提升，并且这也符合学生的心理特点。

为了能使分组更加得当，教师需要先对学生的基本情况予以了解，特别是要对学生的体育舞蹈初始能力、身体条件及学习能力有一个大体评估。具体来看，要想完成合理的分组可以参考以下几个方面进行。

1. 按照教学内容分组

体育舞蹈在教学上对不同角色有不同的要求,所以,为提高教学效率,通常会将男女分开进行教学和练习,然后在时机得当之时再行男女配合学习与练习。而就分开练习来说,通常会由两名教师来完成,一名专职教男步,一名专职教女步,这两名教师最好也是一男一女。但如果受限于师资不充足或课程安排问题只能有一名教师来组织教学的话,则一般先教男步,然后再教女步。

2. 男女比例失调时的分组

在日常教学中经常会出现男女生人数不同的情况,面对这样的问题可以用如下方式解决。

(1)如果出现男生少女生多的局面,在男女分组后,适当选择一些男生匹配多个女生;如果女少男多,也可以使用这种方法选择一些女生匹配多个男生。

(2)同性角色扮演。如果女生多于男生,则可选择一些女生跳男步与女生配对,当然跳男步的女生应选择那些相对高大的类型。男生多的时候实际上也能使用这种方法,但通常不推荐这样使用。

3. 学生水平不同时的分组

每名学生的运动水平和学习能力各有高低,如此就形成了不同水平的体育舞蹈能力,此时就可以根据学生的不同水平进行分组,这样可以让他们在配合上更加顺畅,而这对他们学习积极性的提高也有好处。日常中根据学生水平进行分组的方式主要有:安排水平相当的学生在一组,或是将水平一高一低的学生分在一组,形成高低搭配,充分发挥水平较高的学生的带动作用。

4. 教学场地受限时的分组

在学校中开展体育舞蹈教学的场地往往是学校的多功能训练场,这类场地在日常的使用频率较高,所以在排课时经常会遇到两个班级在同一块场地上课的情况。为了应对这种情况,就需要分组进行完整组合的训练。

三、教学效果评价

为了完成总的教学目标,就要求每堂课的教学效果都达到一定的标准。这就需要对每堂课的教学效果进行评价,评价出的结果也就成了维持教学优势、改进教学中遇到的问题或不足的依据。这里需要明确一个教学效果评价的对象问题。教学评价的对象是教学的主体,这个主体不只是学生,还包括教师。由此来看,教学评价就应该包含两个方面,即针对学生学习情况的评价和针对教师教学的评价。

对教学情况进行评价的方式有许多种,可将这些方式分为主观评价和客观评价两个基础大类。一般来说,客观评价的结果更具有说服力,但这也不代表主观评价就没有意义。

目前,对体育舞蹈课程教学进行的评价要以能回答出如下问题为要求。

(1) 教师采用何种方法教学?
(2) 学生采用何种方法学习?
(3) 所选择的教学内容是否合理?
(4) 所选择的教学方法是否得当?
(5) 教学任务是否完成?
(6) 通过学习,学生的技能与素质是否提升?情感、态度与价值观是否正确?
(7) 学生在教学中的表现是否如教师预期?

教学评价更多是教师了解学生学习情况的"透视镜",同时也是完善自身教学能力的"提示器"。通过评价,教师可以发现学生在哪部分内容的学习中遇到了困难,更清晰地知晓教学内容重点与难点,并对此进行针对性的教学改进,进而为调整课程计划提供依据。如果能正确看待教学评价,并熟练根据教学评价改变教学方法,将会对教学任务的顺利完成和教学目标的高效达成大有裨益。

第三节　体育舞蹈课程教学的科学管理

一、体育舞蹈教学管理的概念

针对体育舞蹈教学开展的管理行为是一项全面性工作,是管理者或机构对体育舞蹈教学相关的人、财、物、信息和时间等方面进行的综合性管理行为。在对体育舞蹈教学进行的管理中,经常使用的管理手段有计划、组织、控制、监督和协调等方面。

体育舞蹈教学的管理,显然是一类系统性较强的工作,其中需要被管理的元素非常广泛。作为一项艺术属性较为突出的体育运动,体育舞蹈教学管理各个子系统与体育管理总目标应保持一致,并且要确保管理对系统中的各要素有协同性,具体表现为相互影响和相互制约,以求一并为体育舞蹈教学管理的总目标的实现带来积极作用。

体育舞蹈教学管理活动并不是一种一次性的工作,而是具有周期性的管理特征。一般来说,对体育舞蹈教学的管理分为三个阶段,即计划阶段、实施阶段和最后阶段。在计划阶段,主要是预测或分析教学中出现的一些问题,然后做出相应决策。在实施阶段,主要运用组织、指导、协调、监督等管理手段对教学过程进行管理,此阶段属于主体管理阶段。在最后阶段,主要是对管理进行对比、评价和总结,以获得宝贵的经验。这里需要说明的是,

第三章　体育舞蹈课程教学的组织与管理

这三个阶段之间并不是相互脱离的,而是彼此间存在着紧密的联系,彼此相互促进和支持。

二、体育舞蹈教学管理的要素

体育舞蹈教学涉及诸多方面,这也对其教学管理提出了更高要求。总的来说,相关管理工作应包含如下方面:

(一)体育舞蹈教学管理的主体

体育舞蹈教学管理的主体通常是在管理中拥有相关职能的人或组织,详细说就是负责学校体育舞蹈教学管理工作的机构,包括一线参与教学工作的教师。这类主体在教学管理活动中自然要处于主导的地位,其职责为对体育舞蹈教学的前、中、后所有过程的规划、实施、监督与评估。

管理者中存在一些级别和职责的差异,据此可以对其进行分类。例如,可以依据制定的体育教学管理办法建立起管理机构,机构中的人员的综合素质决定了这个机构能否实施好管理职能。为此,对其中的管理者实施培训与提升是相当重要的。

(二)体育舞蹈教学管理的对象

管理行为的接受者,就是体育舞蹈教学管理的对象。不过需要强调的是,管理行为的接受者并不单单指学生或教师(人),除此之外还应包括财、物、时间、信息等对象。具体来说,体育舞蹈教学管理的不同对象包括:人,即与体育舞蹈教学活动相关的操作者和被教育者;财,即与体育舞蹈教学活动相关的教学经费;物,即与体育舞蹈教学活动相关的软硬件设施;时间,即与体育舞蹈教学活动相关的教学时间和进度;信息,即与体育舞蹈教学活动相关的学生的各项生理指标、运动成绩等在教学过程中及教学后产生的各方面信息。

(三)体育舞蹈教学管理的手段

体育舞蹈教学管理手段,是指为实现教学管理目标由管理者使用的各种手段与措施。对包括体育舞蹈教学在内的所有体育教学管理的手段主要有宣传教育手段、行政手段、法规手段、经济手段等。

管理行为的执行者始终是人,人也是教学管理中的核心要素,其在各个管理环节中都起着绝对作用。如此来看,在体育舞蹈教学管理中,人就是管理的核心,管理所管的,就是人,是学生。对学生能否做好管理,直接决定了体育舞蹈教学管理目标能否实现。而要想实现这一目标,就需要多样化的手段来匹配管理。

三、体育舞蹈课堂教学管理

体育舞蹈课堂教学是学生学习体育舞蹈运动理论和技能,培养学生对运动产生兴趣的重要方式,同时这还是提升学生身心健康发展的活动,是现代素质教育的重要抓手之一。因此,只有一个好的体育舞蹈课堂教学管理才能实现上述对人才的培养目标。

具体来看,体育舞蹈课堂教学管理的内容主要由备课、上课、课后、意外事故四个部分组成。

(一)备课管理

包括体育舞蹈教学的教师在内,所有教师在上课前都要进行认真细致的备课工作,备课对于教师来说是职业基本功之一。而对体育舞蹈教师来说,他们的备课要涉及更多的内容。为此,教学监管者就要适时对体育舞蹈教师在备课环节提出工作要求,如编写出详细的教案,以确定他们是否为上好每一堂课做好了必要的准备。为更严格地促进教师做好备课工作,一些学校还会组织教师参加教案评比活动,或将个人备课改变为集体备课的形式来帮助教师提高备课水平及对这项工作的重视程度。

第三章　体育舞蹈课程教学的组织与管理

体育舞蹈教师的备课应在教学大纲和教学进度的框架下，力求精炼、准确、详尽、可操作。备课中还要关注大多数学生的体育基础、体育骨干数量等实际情况，甚至还要注意场地和设备的需求。上述内容都是在备课中不应忽视的细节，只有对这些问题给予充分考虑，对一些注意点记录在案，才算作是一次高质量的备课。

（二）上课管理

上课管理是体育舞蹈课堂教学管理的主要部分。对课堂进行的管理主要有两大方面的内容，一个是学校管理者采取听课等手段对体育舞蹈课堂的情况提出一些改进性的要求，或是为提升教学质量而满足软硬件条件上的需求；另一个是体育舞蹈教师所把控的课堂教学的质量。这里主要对体育舞蹈教师对课堂教学质量的管理进行阐述。体育舞蹈教师开展的课堂相关管理工作的内容有确立课堂规范、在教学需要的情况下对学生进行合理分组、合理利用场地、科学调配学生的运动负荷、确定安全保障与应急处理手段等。

（三）课后管理

体育舞蹈教师在课后所要做的管理工作主要有三项。第一个是组织学生回收器材、整理场地（或清洁场地）；第二个是教师总结本次课程的内容，并且允许学生参与讨论；第三个是布置课后作业以及简要介绍下次课所学内容，以让学生在下次上课前对即将学习的内容有一个心理准备。

（四）意外事故管理

鉴于体育运动的风险性特征，不论是哪种体育运动的教学活动都不可避免地会出现一些意外事故。为此，国家和教育部门非常重视体育教学的安全问题，出台了一系列对体育教学软硬件的相关规范和标准，并且还涉及对教师处理意外事故的能力要求，从而使体育教学安全事故得到最大化地避免。

尽管体育舞蹈属于艺术类体育运动,教学过程中没有太多的对抗元素,但其作为一项技巧性较强的运动项目,仍旧难免会因为学生对动作掌握的不娴熟等原因出现一些运动性伤病情况。为此,学校需要建立健全各项事关教学安全的及保护学生的规章制度,健全安全保障和应急处理措施,在建设场地和器材使用上也要严格按照安全标准来行事。

体育舞蹈教师是一线教学者,意外事故往往发生在他们身边,此时,教师就成了第一事故处理者。为了做好应急处理工作,需要做到如下两点基本要求:

第一,对于伤病情况较轻的学生应尽快送至医务室接受检查或治疗。如果伤者情况严重,则应立即送至医院接受治疗。

第二,若发生了重大事故,在通知学校领导层后还要通知学生家长。教师要尽量详细地记住事故发生的前后情况,以便在接受问询时能提供有效的信息。

第四章 体育舞蹈技能培养理论与知识储备

体育舞蹈是一项实践性非常强的运动项目,对舞者的技术要求比较高,因此,做好体育舞蹈的技能培养工作至关重要。同时,体育舞蹈实践的开展,离不开一定的知识理论基础,这不仅包括舞者对体育舞蹈的基本知识和相关常识的了解和掌握,还包含对体育舞蹈技能培养原理的分析和认识,这些都是体育舞蹈实践活动开展的重要基础和前提,能够有效指导体育舞蹈技能的具体培养和发展。本章主要对体育舞蹈技能培养的相关原理,以及体育舞蹈的基本知识和基本常识储备加以分析和研究。

第一节 体育舞蹈技能培养的原理

一、体育舞蹈技术特点分析

体育舞蹈所包含的技术多种多样,不同技术所具有的特点也是不同的。通过对体育舞蹈技术特点的分析,能够更加深入地了解体育舞蹈,从而为体育舞蹈的技能培养提供依据和支持。

(一)控制技术特点

要充分展现出体育舞蹈的魅力,舞者需要充分利用自身的力量控制,这就需要动员身体肌肉,由此,来高质量完成舞蹈中的肢体伸展等动作。

那些难度较高的体育舞蹈技术要求舞者自身的素质和技术水平必须都是优秀的,具体来说,其颈、肩部、四肢、上体、腰胯部等身体的各个部位,能够对整体起到稳定的控制,并且能够以标准的体育舞蹈动作姿势来将舞蹈的优美与力量充分展现出来。因此,在体育舞蹈技能培养的过程中,要想使技术与审美的统一性得到有效实现,需要通过不断的练习来使舞者的身体控制能力得到发展和提升。

(二)弹动技术特点

在体育舞蹈练习的过程中,练习者的肌肉用力与身体关节的动作缓冲两者几乎是同时进行的。此种用力的方式在体育舞蹈练习中具有非常重要的作用,一方面能够将舞者的舞蹈动作优美动人的特点充分展现出来;另一方面能够起到有效保护舞者关节与肌肉的作用。由此可以得出,体育舞蹈的弹动技术是体育舞蹈运动项目的一个重要特点。

(三)扭摆技术特点

在体育舞蹈教学过程中,像伦巴、恰恰等舞种,对舞者的扭摆技术有较高的要求,这就需要舞者的腰部和髋部在一个多维的运动空间中,完成上下、前后、左右的摆动。

体育舞蹈的这些扭摆技术要求舞者的肌肉力量必须是精准的和美观的,特别是舞者的髋部、腰部肌肉力量,要进行重点训练和提升。同时,在训练的过程中,要以舞者的实际情况为依据,遵循个体差异化原则来采取相应的训练方法来发展和提升其力量素质,从而保证在体育舞蹈大幅度的扭转、摇摆与转身过程中有优秀的力量控制与动作表现。

(四)律动技术特点

律动技术在体育舞蹈中也是不可或缺的重要技术之一,对此,可以从两个方面来加以了解。一方面,是舞者通过胸、背、肩、臀等的肌肉控制将相关的特点展示出来;另一方面,是舞者借助自身的手臂、上肢律动,将惯性间接牵引小臂等进行有节奏的摇摆实现出来,让舞者身体将体育舞蹈的美充分展现出来,使观众能够感受到体育舞蹈的优雅大方、灵动自然、温婉自如等。因此,要将律动技术的特点充分展现出来,就要求舞者要对其胸部、背部、腰部以及手臂等部位加大力量训练的力度,从而有效提升他们的体育舞蹈方面的艺术表现与艺术感染力,进而达到有效提升体育舞蹈技术水平的目的。这些对于更好地提升体育舞蹈的艺术表现都是有所帮助的。

(五)抛物状和螺旋状技术特点

抛物状与螺旋状运动特点,主要在华尔兹与维也纳华尔兹的舞蹈中有非常显著的表现。

在做舞蹈抛物状动作时,要求舞者的脚部动作要有非常迅速的反应,并且能够做到灵活应变,与此同时,腰部、踝关节、脚部等部位要做好相互逐渐的协调配合,做到屈伸自然,将动作的优美灵动充分表现出来。

在做螺旋状动作时,舞者的肢体会有一些显著的弯曲与摆动动作,并且动作幅度是非常大的,因此,舞者就需要充分利用有效的肌肉控制理论,保证舞蹈动作的到位与美观。同时,其对舞者的反身技术要求也是非常高的,需要舞者借助地面与身体之间的作用力、反作用力将力量高效地传递到髋关节,再通过腰部的有效推进来完成。[1]

抛物状与螺旋状技术在体育舞蹈中是非常关键的,这是成为优秀舞蹈者必须具备的重要素质,因此,体育舞蹈的抛物状和螺旋状运动作为一个复合性运动,对舞者的肌肉力量、肢体配合能力都有着非常高的要求。

---

[1] 杨艳.高校体育舞蹈运动技术特点及力量训练措施[J].艺术评鉴,2017(23):144-146.

二、体育舞蹈技能培养的原则

在进行体育舞蹈技能培养时,需要遵循以下几个方面的原则。

(一)直观性训练原则

直观性训练原则,是指在体育舞蹈训练中舞者运用各种直观的训练手段。将直观性训练原则应用于体育舞蹈的技能培养过程中,需要注意以下几点:

(1)在体育舞蹈技能培养过程中,应广泛地应用现代科技,借助各种先进的直观训练手段(如录像、电影等),对舞者的观察能力和思维能力进行有效培养和提升。

(2)采用直观手段时,一定要保证其科学性与合理性,其中,目的性最强、最有成效的手段是理想选择。

(3)要根据舞者个体特征来选择相应的直观手段。在体育舞蹈技能培养过程中,要选择和运用与舞者个体的特点及训练水平相适应的直观手段。

(4)在体育舞蹈技能培养过程中,要注重舞者的积极思维和参与体育舞蹈的兴趣和动机,也要将其与直观性充分结合起来。尽管各种直观手段的侧重点通常为动作表象的建立,但是,直观手段的动作与舞者的积极思维的有机结合,对于正确的舞蹈动作概念的形成,理性认识的达到都是非常有帮助的。

(二)系统化训练原则

系统化训练原则,实际上就是通过多年系统、连贯的体育舞蹈训练而使舞者的舞蹈技能水平得到有效提升。在舞者技能培养的整个过程中,对其实施长期、系统、连贯、有序的训练控制,以获得最大的训练累积效益的原则即系统化训练原则。

将系统化训练原则应用于体育舞蹈技能培养过程中,需要注意以下几点:

1. 要将训练的持续性、系统性、连贯性保持下来

（1）应该关注的重点不仅仅是训练的持续性和连贯性，还要参照运动员多年系统训练计划，使体育舞蹈的教学训练大纲得到进一步的完善和优化。

（2）一定要重视体育舞蹈的基础训练，这是成为优秀运动员的重要基础前提。

（3）要将能够为舞者提供终身从事体育舞蹈的社会保障和动机激励机制制定出来。

2. 将体育舞蹈各训练阶段的工作做好

（1）要积极鼓励舞者，使他们能够长期艰苦地进行体育舞蹈训练。

（2）对舞者在多年体育舞蹈技能培养过程中，要提升其技能水平，需要遵循一定的规律，即快速提高—稳步提高—突变式提高—稳步提高—保持和逐步下降。

（3）进行体育舞蹈技能培养时，要进行程序化训练和培养，具体来说，应该参照的依据有：训练内容、手段、方法、负荷的内在系统性联系规律以及在各训练过程表现的程序性规律。

（4）体育舞蹈技能培养的开展，要按照"易—难、简—繁、浅—深"的原则进行，同时，在体育舞蹈技能培养的内容、方法与手段方面也要进行合理性选择。

（三）针对性与个体化训练原则

针对性与个体化训练原则，就是为了将舞者的个性化特点突出出来，而更有针对性地提高训练效益的原则。具体来说，体育舞蹈技能培养过程中，针对性训练和个体化训练的主要依据在于不同舞者的个体特点和各种训练、比赛等条件。

在体育舞蹈技能培养过程中贯彻实施个体化、针对性训练原则，需要做到以下几个方面：

（1）首先要遵循全面性、客观性原则,在此基础上,将与舞者个体特点相符的体育舞蹈个体化技能培养模型建立起来。

（2）集体项目和个人项目的群体合练中,一定要处理好舞者个体与集体技能培养的关系,要在满足一般要求的同时,也与个别对待相结合。

（3）要对舞者在体育舞蹈技能培养过程中可能遇到的情况进行全方位的了解。这样,体育舞蹈的赛前模拟训练才能顺利进行,也才能取得理想的模拟训练效果。

（四）合理调控运动负荷原则

合理调控运动负荷原则,要求在体育舞蹈技能培养的负荷安排上做到更科学、更合理,使舞者的技能水平持续提高。科学调控运动负荷原则,实际上就是在体育舞蹈技能培养过程中,以技能培养的任务及舞者个体的情况为依据,按照人体机能的训练适应规律,以大负荷为核心,长期、系统和有节奏地安排运动负荷。

将合理调控运动负荷原则应用于体育舞蹈技能培养过程中,要对以下几个方面加以注意：

（1）在选择体育舞蹈技能培养的负荷内容与手段时,一定要保证其合理性。

（2）以舞者个体特点为依据来将体育舞蹈的训练负荷确定下来。

（3）要将运动负荷的节奏性作为关注的重点之一。要把体育舞蹈的大负荷训练与减量训练结合起来,使之形成最为理想的负荷节奏。

（4）在安排体育舞蹈技能培养的负荷时,要考虑其长期性、系统性。在体育舞蹈技能培养过程中,要按照连续负荷中疲劳的正常积累与过度疲劳之间的关系,安排多年到每一次课的各训练过程的负荷,并保证其所形成的连贯性。

三、体育舞蹈技能培养的方法

(一)一般技能培养

一般的体育舞蹈技能培养,主要涉及两个方面,一个是基本功培养,一个是形体方面的培养。两者的具体培养方法是不同的。

1. 基本功培养

体育舞蹈基本功的培养,主要是指基本舞蹈形态的培养。通过对舞者进行舞蹈基本功的培养与训练,能为其塑造出高雅活泼的气质,形成正确的身体姿态,并且还能有效掌握舞姿和舞蹈动作,可以说,意义重大。

2. 形体训练方法

体育舞蹈形体训练,主要包括形体舞组合训练和基本手法训练两个方面。具体方法如下:

(1)形体舞组合训练

形体舞组合训练,首先要进行形体动作的训练,在此基础上,通过身体各个部位相互配合动作组合而成。如果能够选择科学合理的形体舞组合训练的方法,通常能够达到有效发展和提升舞者各关节灵活性和柔韧性的效果,除此之外,对于良好身体姿态的形成也是有所裨益的。

(2)基本手法训练

训练时,自然并拢五指。在体前两臂保持椭圆形姿势,手心向上,微撑两肘。向上抬两臂,直至手心与胃部同高。再向上抬两手臂,直至手臂高于头部,落在头部前上方。向上举一臂,弧形平举或侧举另一臂。手心向前,平举或侧举的手保持静止,向前平举另一臂。

（二）专项技能培养

体育舞蹈的专项技能培养，要根据摩登舞和拉丁舞而区别对待，培养的方法也是不同的。

1. 摩登舞专项技能培养方法

（1）舞步动作训练方法

训练舞步动作所采用的方法有很多，具体根据体育舞蹈舞种的不同而加以选择。这里主要对快步舞、探戈舞和华尔兹舞的舞步动作训练方法加以介绍。

① 快步舞基本舞步训练方法

前进锁步、直行追步、四快步跑、后退锁步、左轴转步、右轴转步等方面。

② 探戈舞步动作训练方法

基本左（右）转步、直行侧步、前进（后退）走步、前进连接步、分式（并式）滑行步、基本右转步等舞步的训练。

③ 华尔兹舞步动作训练方法

后退（前进）走步、左脚（右脚）并换步、右（左）转步、左（右）转等。

（2）身体动作训练方法

① 倾斜和摆荡训练

A. 增加向右、向左转动下的向侧摆荡倾斜练习。

B. 在并立位做向侧摆荡的倾斜练习。

C. 与舞步组合相结合进行练习。

② 反身训练

A. 结合向前（后）出步后做反身动作。

B. 在并腿直立或半蹲站立位上做反身动作。

C. 与舞步组合相结合进行反身练习。

③ 升降训练

A. 与前进（后退）侧向运步结合起来做升降练习。

B. 在站立位置上做升降练习。

（3）舞姿训练方法

①静止站立下的舞姿训练。

与前进（后退）侧向移动相结合的舞姿训练。

与基本舞步和花步相结合的舞姿训练。

④与成套动作相结合的舞步训练。

2. 拉丁舞专项技能培养方法

拉丁舞的专项技能培养，涉及舞步动作、手势动作以及身体动作几个方面，相对应的训练方法也会因为具体舞种的不同而有所差别，具体如下。

（1）舞步动作训练方法

① 牛仔舞基本舞步动作训练方法

并腿抛掷、连步（并腿）摇摆、基本步。

② 恰恰恰舞步动作训练方法

前后点步接划圈锁步、后退（前进、侧向）基本步、古巴断步和后退（前进）锁步。

③ 伦巴舞步动作训练方法

后退（前进、侧向）基本步、原地移动、半重心移动步和后退（前进）走步等。

（2）手势动作训练方法

①一腿前（后、侧）点弓步，一手叉腰，一臂做各方向举的动作。

②一腿前（后）点地开立，两臂做向前（侧）的波浪动作。

③一腿侧点地立，做两臂斜位举的不对称性动作。

④两腿并立，两臂做前（侧）、上（下）及斜位举的对称性动作。

（3）身体动作训练方法

① 牛仔舞身体动作训练方法

A. 两腿并立，两臂侧举，做左右腿交替的上下屈伸弹动下的左右摆荡练习（结合胯部）。

B. 两腿并立，两臂侧举，做左右腿交替的上下屈伸弹动练习。

②恰恰恰、伦巴的身体动作训练方法

A. 两腿开立,在重心前后左右移动下,做以身体带动胯部摆动的练习。

B. 两腿并立(或开立),做胸部以下至胯部的转动和伸压练习。

C. 两腿开立,两臂叉腰(或侧举),在重心前后左右移动下,前后左右摆动上体。

D. 两腿开立,两臂叉腰(或侧举),前后左右摆动上体。

第二节 体育舞蹈基本知识储备

一、体育舞蹈的起源发展知识

体育舞蹈是从传统的交谊舞演变而来的,在演变过程中,竞技性元素和竞赛规则不断被纳入其中,逐渐发展、演变为今天可用于体育竞赛的竞技型舞种。

在过去,交谊舞是一种公共社交活动,不带有任何竞技性色彩。交谊舞有着悠久的历史,甚至可以追溯到人类的原始时期,那时的交谊舞是由部落同一性别的成员跳。跳舞时,人与人之间没有身体接触。发展到近现代,交谊舞已经演变为完全由一男一女互相搭档完成的舞蹈,且除少数动作需要外,在舞蹈进行的大多数时间都是男女身体相靠,保持互相接触着的状态。

现代的国际标准交谊舞已经被看作是体育运动领域的一个比赛项目。

20世纪30年代,交谊舞进入我国。受种种因素的影响,当时并没有得到广泛传播和发展,只是一小部分上层社会群体的休闲娱乐活动。直到20世纪80年代中期,带有竞技性的舞蹈才进入我国。发展至今,我国已经成为国际体育舞蹈界一支不可忽视的力量。

第四章 体育舞蹈技能培养理论与知识储备

20世纪80年代后期,国际标准舞逐渐开始在我国得到普及与发展。进入20世纪90年代,随着生活水平的不断提高,体育舞蹈作为集流行性、健身性和休闲性于一身的运动很快成为年轻人争相学习的项目。从这时候开始,中国的国际标准舞发展迅猛,并且为了与国际形势接轨,中国的国际标准舞改称为体育舞蹈。

这时候,为了更好地推动体育舞蹈的发展,我国相继采取了"引进来"和"走出去"的发展策略。所谓的"引进来",就是通过成立专门负责管理体育舞蹈相关事务的组织机构,每年聘请英、德、意、日以及我国香港、台湾地区的专家、教师来大陆进行体育舞蹈技艺的传授,并组建教师、裁判队伍开展多方面的培训,一系列积极有力的举措有效推动了我国国际标准舞和体育舞蹈的发展;而"走出去",则是指赶赴国外参加大量的国际标准舞和体育舞蹈的各大知名赛事,这样,在世界了解我国体育舞蹈发展情况的同时,也让我国选手看到世界先进水平的实情,有利于他们确立努力的方向。事实证明,这样做是非常有成效的,我国体育舞蹈选手不断在国际赛事上取得理想成绩,推动了我国体育舞蹈整体水平的提升。

为更好地传播体育舞蹈运动文化,一些高校开始开设体育舞蹈专业,比如,北京舞蹈学院社会舞蹈系开设的国际标准舞专业,北京体育大学开设的体育舞蹈专选课程等。当前,体育舞蹈几乎在所有的高校中都有相关课程开设,这也就反映出了体育舞蹈的个性化魅力以及其未来的发展前景是非常可观的。

现今我国体育舞蹈项目的发展现状较为理想。体育舞蹈爱好者的数量不断增加,普及程度也越来越高。尤其是近十年来,我国体育舞蹈选手在一些国际赛事上露出锋芒,尤其在黑池的竞技舞池里,出现了越来越多中国选手的身影。相信在大家的不断努力下,中国体育舞蹈将会在世界范围内有更加卓越的表现。

二、体育舞蹈的类型划分知识

关于体育舞蹈的类型划分,有很多种方法。常见的有:根据舞蹈的风格和技术结构,体育舞蹈的类型有标准舞(摩登舞)和拉丁舞;根据比赛项目,体育舞蹈的类型有标准舞、拉丁舞、十项全能和队列舞;根据体育舞蹈对身体练习作用效果的适用性,体育舞蹈的类型则主要为大众体育舞蹈和竞技体育舞蹈。这里仅对最后一种类型划分进行详细分析。

(一)大众体育舞蹈

大众体育舞蹈普遍具有的特点,主要表现为动作简单,人数不限,形式不拘一格,简便易行,便于组织。这就将其普及性、时尚性、实用性和自娱性充分体现了出来。

作为体育舞蹈的类型之一,大众体育舞蹈又可以按照练习的目的,进一步细分为以下三种类型。

1. 社交体育舞蹈

顾名思义,社交体育舞蹈,顾名思义,就是用于社会交际的一种体育舞蹈类型,这在人们的文化生活中有着广泛的流传和普及。现代社会里,社交体育舞蹈在人与人的交往中,发挥着极为重要的作用,甚至可以说是不可替代的。

2. 体育教学舞蹈

体育教学舞蹈,主要是用于体育教学的一种体育舞蹈类型,并且已经被列入体育教学大纲,是体育教学中非常重要的教学内容之一。体育教学舞蹈有单一性和综合性之分。这两种舞蹈的作用是不同的,其中,前者主要安排在体育舞蹈教学课的准备部分,后者放在结束部分。

3. 实用性体育舞蹈

实用性体育舞蹈具有显著的实用性和功利性特点,会以舞者的具体身体需求和社会宣传需求来有针对性地选择内容。

(二)竞技体育舞蹈

竞技体育舞蹈,也被称为"国际标准交谊舞",属于竞技性的体育舞蹈,这一类型的体育舞蹈可以因竞赛项目的不同来进一步划分为以下三种类型。

1. 摩登舞

华尔兹舞、探戈舞、维也纳华尔兹、快步舞和狐步舞都属于摩登舞的范畴。摩登舞对服装和动作的要求比较高,并且特别讲究绅士风度,将欧美文化显著体现出来。

2. 拉丁舞

伦巴、恰恰舞、桑巴舞、牛仔舞、斗牛舞则属于拉丁舞的范畴。拉丁舞的显著特点为音乐节奏明快,舞蹈充满活力,追求野性美。

3. 团体舞

团体舞是摩登舞或拉丁舞的混合,舞者会根据音乐的引导,将各种舞蹈在变化莫测的队形变动中编织出丰富多样的图案。它将音乐、舞姿、队形、图案和选手们的和谐配合融为一体,达到了完美的统一,同时也充分体现出了体育舞蹈的风格特点。

三、体育舞蹈的自身魅力知识

体育舞蹈之所以能够发展至今,并且群众基础越来越广泛,与其自身独特的魅力有着密切关系。

（一）竞技性

体育舞蹈历史悠久，在经历了长期复杂的演变和发展之后，当前已经形成了具有自身特性的舞蹈和艺术形式。比赛形式的种类和样式也比较多，并且呈现出越来越正规的趋势；比赛规则的完善程度越来越高，成为奥运会的重要比赛项目；参加比赛的国家也越来越多。相较于其他运动项目来说，其竞技性特点非常显著。

（二）健身性

体育舞蹈是体育运动项目之一，因此，其也具有显著的健身性特点，这在很多方面都有所体现。

第一，健康体形的塑造。体育舞蹈是一项全身性运动。经常参加体育舞蹈锻炼的人，会在形体训练上有更多的参与，不管是基础的形体训练内容还是正式的体育舞蹈，都能对人的形体进行"生物学"改造。全身的协调运动可以使体形符合一定的健美标准。与此同时，经常参加体育舞蹈锻炼，还具有减肥瘦身，保持健美的体型和良好的体态的作用，塑形效果极佳。

第二，生理机能的增强。体育舞蹈是人的生理机体的运动过程。体育舞蹈每一个动作的完成，必然需要身体各个器官的协调配合。一组动作的成功，往往需要反复练习。因此，长期参加体育舞蹈锻炼的人心肌更为发达，每搏输出量增加，血压正常。体育舞蹈的运动方式对人体的运动系统起到强健作用。除此之外，充足的运动负荷也更加有利于机体的代谢活动，使人能够经常保持精力充沛、神采奕奕的精神状态。

第三，心理状态的调整。体育舞蹈的感染力是非常强的，这与其特定的音乐、气氛和舞姿等这些特殊的信息传递有着密切的关系。经常参加体育舞蹈锻炼，对于人的身心具有积极的调整作用，并能有效促进人际交往，逐步消除情绪障碍和与人交往的心理障碍，以此保持乐观的心情，以饱满的情绪再度投入紧张的学

第四章 体育舞蹈技能培养理论与知识储备

习和工作。

（三）娱乐性

相较于其他运动项目来说，体育舞蹈的娱乐性与舞蹈艺术是比较特殊的。体育舞蹈的娱乐性，是来源于其自身的，其他运动项目则大都是对于观众来说的。体育舞蹈的社会价值也比较显著，因为通过体育舞蹈，能够有效促进人们思想方面的交流，有助于将内心的情感抒发出来，对于人际关系的改善也作用显著。体育舞蹈之所以能够在全国范围内得以推广和普及，与其这一独有的特征是不无关系的。

（四）律动性

体育舞蹈，实际上就是一种具有特殊性的舞蹈形式，其对舞曲音乐和节奏的要求特殊。在舞蹈过程中，舞者翩翩起舞，根据舞曲音乐和节奏的不断变换，而相应地将端庄典雅、奔放激越、顿挫磊落、婀娜柔媚等充分表现出来。这也在一定程度上将各舞种的风格特性表现出来。

（五）艺术性

舞蹈本身就是通过其特有的"艺术语言"将其艺术性表达出来的。体育舞蹈作为艺术，是一项集形体美、健康美、线条美、节奏美、构图美以及诗性内涵等于一身，培养气质及文化修养的运动。体育舞蹈是通过特定的形式将相应的内容表现出来的，思想性特点显著。体育舞蹈无论是表现具体的细节、行为、心理活动，还是表现比较抽象的情绪和精神气质等，都有一定的内涵，艺术魅力不可忽视。

（六）技巧性

体育舞蹈本身是一种体育和文艺的综合体，这就要求其必须具有规范性的同时，也要注重技巧性，这是两个非常重要的特性。

通常可以将体育舞蹈理解为是一个完整的舞蹈系统,其不仅高雅文明,是一项特殊的娱乐活动,同时还对专项技术动作有着非常高的要求,这体现在舞姿、舞步方面,也体现在表现力等其他方面。经过长期的发展和演变,体育舞蹈具有了许多高难度的动作。观众常常为舞蹈表演者所显示的高难度技巧而赞赏。

(七)抒情性

"情动于中而行于言,言之不足,故嗟叹之;嗟叹之不足,故咏歌之;咏歌之不足,手之舞之足之蹈之也。"由此可以看出,体育舞蹈通过动作这一特殊的"语言",能够很好地表达出应有的情绪,抒情性特点显著。法国舞蹈家诺维尔曾经指出:"舞蹈没有平静的对话,凡属冷冰冰议论的一切,它都没有能力表达。为了取代语言,需要很多可见的东西和行动,需要鲜明有力地表达出来的激情与感情。"体育舞蹈表现感情是全能的,不管是某种情绪范畴还是一个人的内心情绪波动过程,都能够通过不同的舞种、不同的形体动作表现出来。比如,"恰恰恰"能够通过活泼、欢快的动作来将少男少女嬉戏玩耍、打情骂俏的情态形象地表现出来;斗牛舞则能够将斗牛士振奋向上、勇敢无畏的精神充分表达出来。

(八)观赏性

体育舞蹈比其他舞蹈形式的运动项目在拥有的欣赏者数量上要占据优势。究其原因,是由于体育舞蹈将音乐美、服装美、风度美和体态美充分融合在一起,不管是"阳春白雪"还是"下里巴人",都能得到充分的展现。体育舞蹈的艺术性对它所附有的观赏价值具有决定性的影响。

(1)人体美。主要是指对体育舞蹈选手表演的欣赏,能使观众对人体的魅力有更进一步的认识和感受。

(2)音乐美。体育舞蹈特殊的音乐节奏引导着舞者将和谐的节奏、流畅的动作以及各种高技巧性的舞姿充分展现出来,给人以显著的和谐之美。

（3）装扮美。为了更好地突出体育舞蹈的艺术性,运动员的穿着都是非常考究的,有时甚至是苛刻的。不同的舞种有各自的装扮美。比如,摩登舞比赛和表演中选手的服装和装饰美主要表现为,男士身着燕尾服,打领结,气宇轩昂,风度翩翩,气质高雅;女士身着长摆褶裙,秀丽端庄,典雅大方。

（4）礼仪美。在体育舞蹈中处处都能显现出礼仪之美。不同的体育舞蹈舞种所表现出的礼仪美是不同的。比如,摩登舞中男士的衣着庄重,体态端庄挺拔是礼仪美的体现;男士挽女士手进场,引导舞伴做急速旋转后向观众致意,能够将男士照顾女士的风度充分展现出来,女士则是向四周观众行古典的屈膝礼,表示拥有较高的教养和对他人的尊重;舞蹈结束后,男女舞伴同样要向观众行礼。男士挽女士手,选手面带微笑等等。这些气度不凡的行为举止,都给人以美的享受与回味,也将体育舞蹈中蕴含的礼仪之美充分展现了出来。

第三节　体育舞蹈基本常识储备

一、体育舞蹈的术语常识

（一）体育舞蹈基本名词

1. 舞程向

舞池中,舞者的行进方向即舞程向。

2. 舞程线

舞程线是指沿舞程向方向行进的路线(图4-1)。

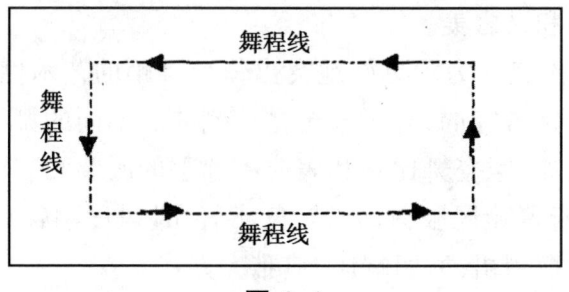

图 4-1

3. 摆荡动作

舞者的上升、横向移动过程中身体的摆动动作。

4. 升降动作

舞者身体的上升与下降。

5. 倾斜动作

舞者身体动作的倾斜。

6. 节奏

体育舞蹈的节奏指节拍的反复。

7. 组合

不同舞步之间的结合。

8. 速度

体育舞蹈的音乐速度。

9. 套路

体育舞蹈中多个舞步按一定的逻辑顺序衔接,组成动作套路。

(二)体育舞蹈专业术语

1. 舞蹈方位

方位,是指舞者在舞池中身体所面对或背对的方向。当舞者以肩引导(侧行)时,方位是保持不变的。当舞者在跳行进的拉丁舞时,就一定要对方位加以注意,尤其是在桑巴和帕索多不列中。

体育舞蹈中,由于活动目的和固定位置不同,方位也会有所不同。常见的有以下三种:

(1)在体育舞蹈教学中,通常会将身体方位以学生自身为基点,以面向老师的方向为正前方,称为1点,每向右转45°为一个方向,共分八个方向(图4-2)。

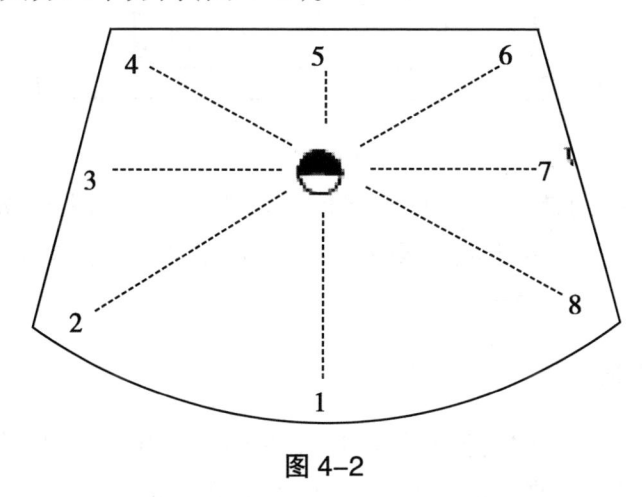

图 4-2

(2)根据国际上的惯例,规定方位的基点通常为乐队演奏台的一面,定为"1点",每向顺时针方向转动45°角则变动一个方位。依次类推2,3,4,……共有8个点。由此,便得出一个场地中的四个面为1,3,5,7点,四个角为2,4,6,8点(图4-3)。

(3)国际体育舞蹈的比赛规定了几条线来指示舞蹈者每个舞步的行进方向(图4-4)。

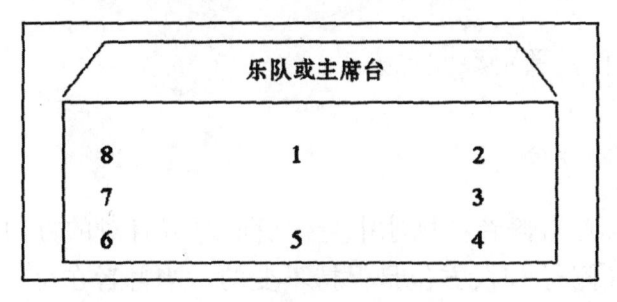

图 4-3

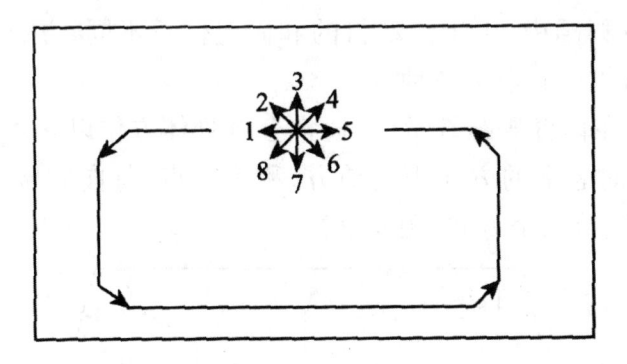

图 4-4

移动中的体育舞蹈身体方位是以男士正对舞程线站立而确定的身体位置,处于其左侧的舞厅部分为中央(并非指舞厅的中心点),处于其右侧部分为墙。

2. 旋转度

旋转度,就是按照脚的位置,对旋转动作中每一步型、每一舞步,甚至每一舞步间的旋转是多少度进行衡量。

在体育舞蹈比赛中,切分圆的方法是比较常用的,旋转度通常会用 1/8,3/8 等来表示(图 4-5)。

3. 舞蹈动作

舞蹈动作是体育舞蹈中经过提炼、创作、汇编的具有一定节奏、规律的动作。

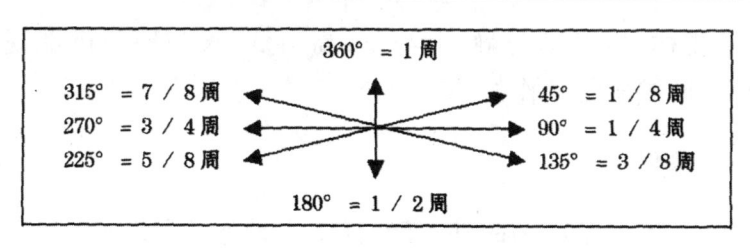

第四章 体育舞蹈技能培养理论与知识储备

```
360° = 1 周
315° = 7/8 周        45° = 1/8 周
270° = 3/4 周        90° = 1/4 周
225° = 5/8 周        135° = 3/8 周
180° = 1/2 周
```

图 4-5

4. 舞蹈组合

舞蹈组合,是体育舞蹈中不同舞蹈动作之间的衔接组成的动作组合。

5. 舞蹈语言

舞蹈语言,是从社会生活、人的情绪状态、自然现象中提炼加工而成的,舞者的肢体动作以及舞者的思想情感都包含在舞蹈语言的范畴中。

6. 舞蹈表情

舞蹈表情,是体育舞蹈所有动作的总称,舞者的任何肢体语言和动作形态都属于舞蹈表情的范畴。

7. 舞曲

舞曲,是指以舞蹈节奏为基础而写成的器乐曲或声乐曲,主要有专供伴舞和不以伴舞为目的的舞曲两种。

8. 节拍和节奏

(1) 节拍:音乐中每小节的拍数。

(2) 节奏:指按一定规律反复出现,赋予音乐不同性格的具有特色的节拍。

9. 韵律

韵律,是指在舞蹈动作中,人体通过"欲左先右,欲纵先收"

的自然规律,以及动与静、上与下、高与低、长与短等辩证规律的运用,来形成舞蹈动作的韵律。

10. 基训

基训,指的是舞蹈的基本能力(基本动作)的训练。

11. 主力腿和动力腿

(1)主力腿:通常是指舞者支撑身体重心的一腿。
(2)动力腿:主力腿之外的另一条腿。

12. 起泛儿

舞蹈俗语,也就是书面所说的"起势",具体是指动作前的准备姿势。

13. 造型

造型,也称动作中的静态或亮相,其通常在舞蹈动作流动的瞬间或舞蹈组合结尾的停顿之时出现。

(三)体育舞蹈动作术语

1. 舞姿

(1)闭式舞姿:男女站立在相对位置。
(2)开式舞姿:开式也叫侧行舞姿或P.P.舞姿,男女并列侧行位置。

2. 准线

体育舞蹈的准线是舞者双脚及其方向与房间的一种关系线。

3. 舞步

(1)舞步:一般指一只脚的一个动作。
(2)基本舞步:表达体育舞蹈的基调的步型,是固定不变的。

（3）擦步：在体育舞蹈中，当舞者进行开位的变化时，其动力脚与主力脚相靠，身体重心保持不变的舞步。

（4）并步：又称追步、追并步，具体是指舞者双脚并合的舞步。并步过程中，舞者将一脚向另一脚合并。

（5）实步：舞者承载重心的舞步。

（6）虚步：舞者非重心所在的舞步。

（7）虚点：用脚掌或脚跟点地，不支撑重心的舞步。

（8）滑步：指在第二步双脚并拢的三步组成的舞步。

（9）追步：第二步双脚并赶的三拍四步的舞步型。

（10）常步：分前进常步和后退常步两种。

（11）踌躇步：表现前进暂受阻的舞步或组合。

（12）外侧舞步：在对方身体和脚的外侧运行的舞步。

4. 转

（1）正转：向右转动的舞步，也叫自然转。

（2）反转：向左转动的舞步。

（3）轴转：舞者一只脚的脚掌旋转，另一只脚处于反身动作位置。

（4）跟转：轴转的另外一种形式，是运用重心脚脚跟为轴的一种旋转方式。

（5）脚跟转：专指向后迈出的脚。

（6）脚跟轴转：单一脚跟旋转，身体不变重心。

5. 舞步线

一只脚一个动作的路线称为舞步线。

6. 平衡

平衡是舞蹈中身体重心的准确分配。

二、体育舞蹈的场地与服装常识

（一）体育舞蹈的场地

体育舞蹈的比赛场地要保证地面是平整和光滑的。

一般的,体育舞蹈的比赛场地为 15m×23m,赛场由 A 线和 B 线组成(图 4-6)。

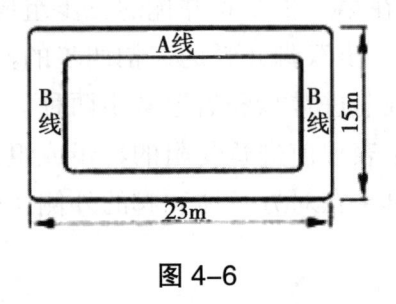

图 4-6

（二）体育舞蹈的服装

（1）不同体育舞蹈舞种的着装要求是不同的。摩登舞中,男子的着装要求为穿燕尾服、黑色舞鞋；女子的着装要求为不过脚踝的长裙以及 5~8cm 的高跟鞋。拉丁舞服装要求必须具有拉美风格,男选手穿紧身裤或萝卜裤以及宽松式长袖衣；女士穿露背、腿的短裙,穿高跟有襻凉鞋、鞋面可加亮饰。注意男女舞鞋应与服装颜色一致。

（2）服装的样式和色彩可较为随意,具体根据时代潮流的变化和流行趋势改变。

（3）专业选手参加比赛时背号为黑底白字,业余选手背号为白底黑字。

三、体育舞蹈的符号与记录常识

体育舞蹈教学中,对其中的动作进行记录,首先,要了解所用

第四章 体育舞蹈技能培养理论与知识储备

到的各种符号,然后再按照相应的方法进行记录。因此,体育舞蹈的符号和记录常识是必须要了解和掌握的。

(一)体育舞蹈的符号

体育舞蹈中,在记录动作时,常用的符号主要有以下几种,具体根据实际情况选用。

1. 节拍符号

(1) S: Slow ("慢")的缩写。
(2) Q: Quick ("快")的缩写。
(3) &: And 的缩写。

2. 舞步符号

(1)脚(足)迹

① 右足部分用实心画法,便于分辨(图 4-7)。

男士　　　　　　女士

图 4-7

② 点地与旋转(图 4-8)。

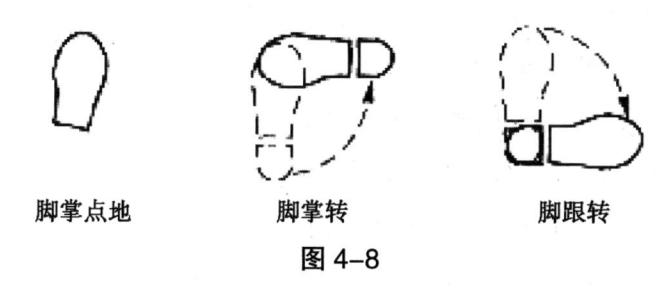

脚掌点地　　脚掌转　　脚跟转

图 4-8

③ 华尔兹方步练习的足迹图示法,数字为运步顺序,→为行进路线的方向(图 4-9)。

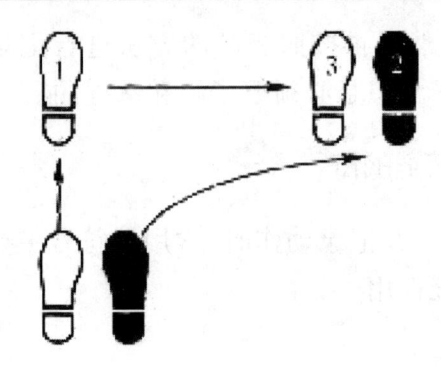

图 4-9

④ 脚跟着地：用"H"表示。

⑤ 脚尖着地：用"T"表示。

⑥ 脚跟着地过渡到脚尖：用"H.T"表示。

⑦ 脚尖着地过渡到脚跟：用"T.H"表示。

⑧ I.E：内侧边缘，意为舞者一脚沿另一脚内侧前后移动。

3. 人物符号

（1）基本人物符号

舞蹈记录中，常用的符号主要有⊖、▯、▽、◇等，以此来表示舞蹈的不同角色。通常，会用▯表示男性舞者，用⊖表示女性舞者。

（2）动作时人物符号

① ⊖涂实部分为脑后所朝方向，空心部分为面部所朝方向。

② ⊖意为原地逆时针方向自转一周。

③ ⊖意为连续向前转圈。

④ ⊖意为先前进，然后退回原位。

⑤ ⊖意为左右移动，即先左后右。

⑥ ⊖意为面向圆心，相互拉手成一圆。

⑦ ⊖意为双圈面朝逆时针方向站好。

4. 队形符号

（1）◯意为走圆形。

（2）☐意为走方形。

（3）Z意为走"之"字形。

（4）╱意为走斜形。

（5）⌒意为走弧形。

（6）≡意为走蛇形。

（二）体育舞蹈动作记录方法

在了解体育舞蹈的各种符号之后，还需要掌握相应的记录方法。常见的有以下几种：

1. 连续式记录法

连续式记录法，就是指以体育舞蹈动作的先后顺序为依据，用"逗号"将相对独立部分隔开的一种记录形式。用学名连练式记写，如：华尔兹：右轻步，并转步，左转步。

2. 连接式记录法

连接式记录法，就是以体育舞蹈动作的先后顺序为依据，用"破折号"将相对独立的学名连接起来，使其成为成套动作的一种记录形式。

3. 表格式记录法

表格式记录法，就是将体育舞蹈中的一个动作，每一节拍的运步方向、足位、转度等技术要领用表格形式分别记写的一种形式。典型例子为右旋转步（Natural spin Turn）（表4-1）。

表 4-1　右旋转步的记写方法

步序	方位	步型	节奏	转度	足步	升降 倾斜	C.B.M
1	逆舞程线	左足后退	1	右转 1/2	尖	降	有
2	面对舞程线	右足前进	2	右转 3/8	跟尖	升	C.B.M.P.
3	逆中央斜线	左足拖右后	3		尖	平	

4. 图文并茂式记录法

图文并茂式记录法，就是在团体（集体）舞的创编过程中，用图文并茂的方式，将设计的队形变化、连接步法、小节数等内容记写下来（图4-10、图4-11）。

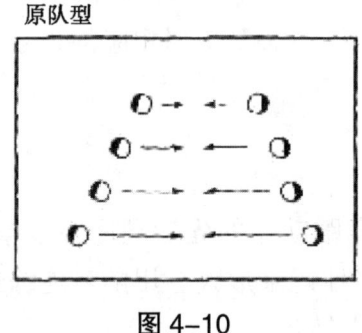

图 4-10　　　　　　　图 4-11

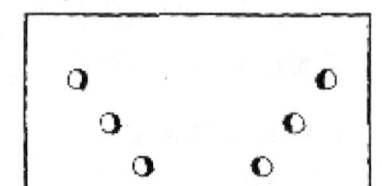

音乐：3 小节。

舞步：右转步—右旋转步—右撇转。

四、体育舞蹈的礼仪常识

体育舞蹈是一项对形体和形象要求都非常高的体育运动项目，体育舞蹈的整个过程中，都要将优雅的气质充分展现出来。因此，掌握体育舞蹈的礼仪常识至关重要。

（一）体育舞蹈的待人礼仪

1. 请舞礼仪

（1）请舞方通常是男士，女士被邀请。当然也有女士作为请舞方的情况。

（2）面对男士的邀请,如果女士不接受,可以婉言谢绝,不可直接回绝,否则会显得没有教养。

2. 领舞礼仪

（1）在正规场合中跳舞,男士要手牵带女士相对的手,并且保持掌心向上。

（2）在非正式场合中,邀请舞伴后,男士在前,女士则在后跟随去做。

3. 起舞礼仪

即将起舞时,男女分开相向站立,男士正面站立,以左手邀请,虎口向上;女士侧身站立,男士的起势动作后,女士可以直接交手共舞,或者双手携裙,右脚在左脚后,左膝微屈,以示诚意,然后交手共舞,这两种方式皆可。

4. 共舞礼仪

共舞,是男女舞伴在音乐的伴随下共舞的过程。共舞时,对男女双方的舞姿和表情等都有严格要求。

共舞礼节为:男士要在领位、言语或眼神的提示等方面多加照顾女士,要做到引带手势清楚,不要用力,整个共舞过程均要以礼相待,直至一支舞曲结束。

5. 谢舞礼仪

谢舞时,男士要视音乐最后的节奏情况,以左手举高引带女士向左旋转一圈或两圈,从而对观众和裁判表示感谢。

6. 让位礼仪

让位,是一种面向对手的礼仪。

让位礼仪为:在比赛舞池中,是多对选手共同跳舞的,这就难免会存在一些身体接触和碰撞的情况,这时候,为了保证比赛的顺利进行,也为了体现出自己的舞德和对对手的尊敬,需要适当采取各种步法或移动速度相互让位。

(二)体育舞蹈的待物礼仪

1. 场地礼仪

舞者的展现是在特定的场地中进行的,因此,要特别爱护场地,保证不在舞场内有乱扔垃圾、乱写乱刻的不当行为,进舞池要穿着的舞鞋也要与要求相符。

2. 化妆与发型礼仪

男女舞者在上场前,为了与舞蹈风格相适应,需要适当化妆。但是,要注意化妆的得当、适度,不得太过夸张;发型要做到有创意但不过于复杂。

3. 服饰礼仪

服饰礼仪,要求衣服及装饰要自然得体、协调大方,在此基础上,与体育舞蹈约定俗成的规范或原则相符;服装要与赛场客观环境、场合相适应。

(三)体育舞蹈的自我举止礼仪

体育舞蹈"自我行为"礼仪是舞者自我言谈与举止在体育舞蹈活动中的综合运用。体育舞蹈的自我举止礼仪有以下几点。

1. 言谈礼仪

(1)礼貌

在礼仪中,礼貌是重要方面之一。做到有礼貌,就要求态度要诚恳、亲切,其次声音大小要适宜,语调要平和沉稳。另外,与人保持适当的谈话距离也是有必要的。

（2）用语

在用语方面,要注意使用敬语、礼貌用语,从而将舞者自身的谦卑和对别人的尊敬体现出来。

2. 仪表举止礼仪

（1）站姿

在体育舞蹈比赛过后等待成绩或选手介绍期间,手插在裤袋里或交叉在胸前的动作都是不允许的。

（2）坐姿

在体育舞蹈比赛候场及等待成绩时,通常都是处于坐姿状态的,这就要求舞者入座时要轻缓柔和,起座要端庄稳重,不可猛起猛坐。

（3）走姿

在体育舞蹈比赛的候场、比赛过程中以及结束之后,都要保持走姿轻而稳、胸要挺、头要抬、肩放松、两眼平视、面带微笑和自然摆臂。

（4）卫生

在体育舞蹈比赛的候场、比赛过程中以及结束后,一些不良举动是被禁止的,比如,剔牙齿、掏鼻孔、挖耳屎、修指甲、搓泥垢等。

第五章 体育舞蹈基础技能培养

学生要想顺利进行体育舞蹈技能的学习,首先要具备一定的基础能力。这些体育舞蹈必要的基础能力主要包括身体素质、基本姿态、把杆基础以及舞步基础。为此,本章就重点对这几项体育舞蹈必备基础技能的培养进行指导。

第一节 身体素质

一、体育舞蹈对运动者的身体素质要求

(一)对力量素质的要求

体育舞蹈是表现力与美的典范,没有力量就无所谓体育运动美的体现。要分析和掌握体育舞蹈力量的作用规律,就必须了解内、外力及其相互作用。在体育舞蹈中,每个动作都通过男女舞蹈者之间的相互作用力(即内力)和地面对他们的反作用力、摩擦力(即外力)来完成,以及双人间的对抗性和引导型力量。外力是能观察到和感觉到的,而内力往往不为人所察觉。在一定条件下起主导作用的内力,使环境中的外力适应动作的要求。

体育舞蹈内容多且复杂,因此,良好的力量素质是体育舞蹈选手体能的保证,是漂亮完成成套动作的基础。肌肉力量是基础力量,肌肉要对不同的训练内容和训练负荷逐步地适应,内容从少到多,负荷从小到大直至极限,而这个适应过程就是肌肉对各

第五章 体育舞蹈基础技能培养

种不同刺激的记忆和感觉过程,这一过程所承受的"量"称为能力,并且这一过程所产生的结果即通常所说的肌肉记忆能力。在舞蹈演绎中,肌肉能力的爆发适度往往能使舞蹈的展现起到画龙点睛的效果,令舞蹈作品展现得淋漓尽致。整体力量就是选手从事专项活动时各运动环节协调一致所表现出来的综合力量,它是选手专项能力的基础。

根据肌肉收缩形式,力量有静力性力量和动力性力量。选手在比赛中必须保持良好的身型和仪表。特别是标准舞比赛,选手必须自始至终都保持腰部肌肉收紧,上体保持稳定,充分地体现出选手身体内在肌肉的静力效应。一些步伐(以华尔兹为例)旋转步(如外侧旋转步)、轴转步(双左旋转步)等旋转和摆动(如箭步)的动作都是动力性力量的体现。

根据力的表现形式,力量有最大力量、爆发力和速度力量。

最大力量,要求男女舞伴都具有强有力的腰、背、腿和手臂力量。尤其是男士,体育舞蹈中男舞伴需要最大力量进行稳固支撑、引导和给予女舞伴助力,以便女士充分展示动作(如高位撒转)。

爆发力,从体育舞蹈项目特征分析,大多只在体育舞蹈动作的某环节或某节拍需要爆发力,以表达舞蹈种类意境(如火箭步)。还有跳起以及改变虚支撑面角度的重心前倾的跨步(如 Check)等。

速度力量,是体育舞蹈中最主要的力量,它是在有限的时间内伴随音乐持续不断地控制肢体关节各肌肉,展示体育舞蹈速度美的力量。选手必须在每拍做一个或两个以上的技术动作,特别是拉丁舞,选手每分钟要做大约150个动作,平均每秒要做2~3个动作,动作速度快,难度很大。

另外,根据体育舞蹈的项目特点,体育舞蹈的专项力量还包括双人间的对抗性和引导型力量。力量是速度的前提,当今体育舞蹈技术难度大大增加,选手在比赛中更加注重动作速度与力度的体现。因此,体育舞蹈的专项力量训练在体能训练中的地位不容改变。

(二)对速度素质的要求

速度这一身体素质不论是在体育舞蹈当中还是在其他体育运动当中都是对动作顺畅完成的保障,其对运动等级提升的重要性在于越是等级高的选手之间的比拼,就越能突出体现到速度素质的决定性因素。对于体育舞蹈这项运动来说,速度也是顺利完成动作的前提。决定体育舞蹈中的速度的因素是伴奏音乐的节拍,具备良好速度素质的运动者可以跟上相对更快的节拍,并且舞步轻快灵活,反之则只能跟随一些节奏稍缓的曲子完成动作。拉丁舞是一种节奏欢快、热情尽显的舞种,跳这种舞对运动者的速度素质有较高的要求。以拉丁舞中桑巴为例,其节拍主要为2/4拍,每分钟包含52~54小节。在每一个小节中,运动者既要完成脚步上的复杂变化,同时还有脚踝关节、膝关节的升降起伏动作,这对运动者的速度素质的要求非常高,也正因如此,使得桑巴舞成为一种相对复杂的舞蹈形式。

(三)对柔韧素质的要求

体育舞蹈运动对运动者的柔韧素质有着较高的要求。事实上,对于任何有着较多艺术表现力的运动来说,柔韧素质都会是被非常看重的一项身体素质。柔韧素质是人体各关节在不同方向上的运动能力以及肌肉、韧带等软组织的伸展能力。良好的柔韧素质对体育舞蹈运动者的重要意义体现在其能使运动者更快掌握动作,有利于提高和维持动作质量,减少运动者运动损伤发生的概率。体育舞蹈要求运动者具备良好的柔韧素质,具体到部位来说,肩、胸、腰、髋、膝、踝等部位或关节的灵活性最为重要,实践中也运用最多。这些部位与关节的柔韧度是决定动作完成幅度、开度和表现等要素的关键。

(四)对耐力素质的要求

耐力素质是指机体坚持长时间运动的能力。随着体育舞蹈

第五章 体育舞蹈基础技能培养

竞技水平的提高,体育舞蹈竞赛竞争日趋激烈。正式的体育舞蹈比赛,虽然每种舞比赛的时间只有1分钟左右,但由于节奏快,技术要求高,同时为了赢取比赛,选手往往会跳很多难度较高的动作,如加快旋转的速度、步法上更加多变等,这就使得动作的强度大大地加大了。根据能量连续统一体的概念,1分钟左右的大强度运动,属于无氧耐力动作范畴,但在实际比赛中,选手需要连续完成多个舞种、多个场次的比赛,持续时间长,因此体育舞蹈属于有氧和无氧混合的项目,对耐力的要求较高。

体能训练中的运动耐力主要指大强度长时间从事专项活动的能力。选手体能训练的运动耐力水平主要取决于:(1)功能系统的机能能力;(2)比赛中有效地利用机能潜力的能力;(3)疲劳情况下的心理素质和意志品质。体育舞蹈高组别选手必须参加五种舞比赛,而每种舞比赛的时间在1分30秒~2分钟之间。且由于音乐节奏快,选手必须在极短的时间内完成许多难度很大的动作,而且每舞种比赛的间隙时间又很短(一般30秒左右),所以选手的运动强度是很大的。因此,体育舞蹈选手(尤其是全能选手)必须提高无氧耐力运动能力,以更好地适应比赛中大强度运动的需要,提高竞争能力。另外,每个体育舞蹈选手都会有自己的风格。目前世界"舞坛"中大致分为两种:一种是表演型(以俄罗斯选手斯拉维克 Slavik 为代表),一种是能力技巧型(以波兰选手乔安娜 Joanna 为代表)。我国选手由于身体条件和文化底蕴等原因,普遍以能力技巧型跳法为主。而能力技巧型选手需要有更好的运动耐力,才能保证在顺利地完成编排套路的同时,进而准确地表达音乐和诠释舞蹈,提高表现力。

(五)对协调灵敏素质的要求

相比于其他体育运动来说,体育舞蹈有着更为丰富和复杂的动作,这就需要运动者具备较高的灵敏素质和协调能力予以应对。灵敏素质是快速制动和转换身体动作与方向的能力。而协调能力则是在完成动作时全身的有机配合。运动者协调能力之于体育舞蹈来说,更多体现在肌肉的紧张与放松之间的协调、选手内在感受与外在表现的协调、音乐节奏与动作节奏的协调、舞者之间配合的协调等。

关于这两种素质的训练安排主要放在训练的前半段为宜,原因在于此时运动者的体能和精神状态都较为不错,在这个阶段训练这两种素质能收到最佳的效果。具体在训练中应注重如下能力的训练。

1. 准确的时空判断和精确的肌肉本体感受

体育舞蹈是典型的双人舞,舞伴间不同的舞蹈动作有着紧密的联系,运动员在高质量地完成成套动作的整个过程中,对本体和舞伴运动的方位、角度有着严格的要求。尤其是完成一些高难度的身体动作、舞伴间动作的配合,运动员不仅要对自身肢体方位进行精确控制,而且还要给予舞伴正确方位的引带和控制。因此,在完成成套动作的过程中,肌肉本体感觉的强弱,不仅直接影响了运动员对身体姿态的控制能力,而且还影响了对舞伴引带用力的大小、方向,决定了最终呈现出的画面。总之,体育舞蹈运动员只有具备准确的时空判断能力和精确的肌肉本体感受,才能控制身体动作、引导舞伴在时空上的准确性,才能保证整体的运动轨迹及运动效果。

2. 快速的反应能力和应变能力

体育舞蹈运动中有许多动作或技术都是较为复杂的,动作变化也非常多,并且许多动作的串联都要在瞬间完成。为了能将这些动作的完成成功率提升起来,就需要调动运动者的各种感官以及提升他们的反应能力与应变能力。这的确是运动者应具备的一种能力。这种能力如何依赖于人的各种感受器的敏感度,如此才能使动作与音乐之间的配合更加协调。即便是反应和应变能力不足的运动者,也可以通过后天训练有所提升,这对于应对目前体育舞蹈技术动作越发加快的趋势来说意义很大。

第五章　体育舞蹈基础技能培养

(六)对弹跳素质的要求

体育舞蹈中包含有许多弹跳的动作,但体育舞蹈中的这种弹跳与一味追求高度的跳跃性运动有着本质上的区别。体育舞蹈中的弹跳动作有着较高的技术性,并且还要配合上节奏和身姿。体育舞蹈摩登舞中的快步舞和拉丁舞这两个舞种都包含有众多跳跃技巧,在一些跳跃中除了有高度的要求外,跳起后还要加入旋转动作,此时需要为支持跳跃和旋转动作而发力的部位不仅是腿,还要有腰腹以及手臂肌肉的力量参与动作的控制,这使得跳跃的难度大大增加。从这点上来看,更加印证了体育舞蹈中的弹跳动作带有显著复杂性的技术。

(七)对平衡素质的要求

体育舞蹈运动对运动者的平衡能力有着较高的要求。人体的平衡素质常见的有静力性平衡和动力性平衡两种。静力性平衡顾名思义就是身体处于相对静止状态下时对自身重心的控制能力。动力性平衡则是运动者在运动过程中对自身重心的控制能力。对于体育舞蹈运动来说,这两种平衡能力均有很大的用武之地。

这里以动力性平衡能力举例说明。当运动者在做跳跃处于下落的着地阶段时要做到轻巧平稳,特别是落地后的平稳性是衔接下一个动作的良好基础。高质量的落地可以赢得评委的高分,获得艺术美的赞誉以及减小运动损伤发生的概率。而决定运动者是否能在绝佳平衡力下完成动作的关键,在于一系列动作的完成是否符合力学原理。其中,运动者的腿部力量就是核心控制"装置"。就此来看,对运动者平衡能力的训练,则可主要从腿部力量训练入手,当然这并不是唯一的平衡素质训练方法。

二、体育舞蹈柔韧素质训练方法

柔韧素质训练主要以拉长韧带、肌腱、肌肉的伸展性,增厚关节软骨为目的。训练手段一般分为缓慢和快速牵拉,如压腿、踢腿等。缓慢牵拉练习会使肌肉纤维、韧带慢慢拉长到一定的程度,一般不会超越关节伸展的限度,虽有疼痛感,但不易引起组织损伤;快速牵拉具有一定的爆发性,可以巩固和提高缓慢牵拉的幅度和效果。因此,在每次缓慢牵拉之后应安排快速牵拉的内容。柔韧素质训练受肌肉力量影响,因此当肌肉疲劳时,关节韧带的伸展性较差。

体育舞蹈的国标技术对柔韧素质有一定的要求。例如,华尔兹舞右转、左转系列的第一步,要求主力腿充分有力地后蹬以获得最大的推进速度。此时,力是从髋关节处发出,像波浪一样逐次经过各个关节最终传递到趾尖,在完成完美的蹬地动作的同时获得强大的反作用力。如果这些关节的灵活性不好,腿的动作就显得僵僵的,发力蹬地的效果就大打折扣了。又如,狐步舞的后退波浪步,男士要在先降后升中做足踵拖地大步后退,在强力反身的同时牢牢地引带女士,既要控制身体不能有突然的起伏,又要充分地倾斜大幅度摆荡,表现出行云流水、飘逸超脱的狐步舞特有的风格,这对选手的腰、腿、足和脊柱各关节的柔韧性及平衡感和控制能力提出了很高的要求。

从柔韧素质训练在身体不同部位的表现看,又可分为上体柔韧性训练、下肢柔韧性训练、腰部柔韧性训练。

(一)上体柔韧性训练

体育舞蹈的上体柔韧性训练主要是指手臂和肩部的柔韧性训练。

手臂、肩部的柔韧性练习能够促进上肢骨骼、肌肉韧带和肩部的正常发育,增强灵活性,培养正确的姿势,进一步提高肩部的控制能力,使站立形态更加优美;同时,由于练习动作灵敏有力、变化多样,还可以促进上体的血液循环,增进胸部各内脏器官的机能。一般采用单人练习和双人配合练习进行。

常见的发展手臂和肩部柔韧素质的练习方法有:后提臂夹肩、两臂上托、手臂环绕、侧压臂、手臂波浪、压肩韧带、下拉肩、拉肩、双人压肩等。

(二)下肢柔韧性训练

体育舞蹈中的下肢柔韧性训练主要指的是腿部和脚步的柔韧性练习。腿和脚在舞蹈运动中起着支撑、负重、运行、旋转、升降、摆动等重要作用。优美的舞姿无一不与腿和脚有关,因此下肢的柔韧性练习是舞蹈的基础。

腿部和脚步柔韧性练习方法主要有:弓箭步压腿、后拉腿、正压腿、侧压腿、直腿躯体压腿、跪压踝关节、提踝、提踵等。

(三)腰部柔韧性训练

腰在人体的中部,舞蹈姿态和步态大都与腰有关,加强腰部的柔韧性和灵活性的锻炼有助于增强腰的控制能力。

体育舞蹈中的腰部柔韧性训练主要包括髋部柔韧性训练、腰背部柔韧性训练和腹部柔韧性训练。

常见的腰部柔韧性训练主要有顶髋、开髋、体前屈、体侧屈、转体、双膝跪地双手撑地弓背、俯撑等。

第二节 基本姿态

体育舞蹈中身体的整体或不同部位都有着一定的基本姿态,这些基本姿态属于体育舞蹈基本功之一,且拥有良好的身体姿态对于开展体育舞蹈这项运动无疑更能增强美感与观赏性。因此,对基本姿态的训练应该予以重视。

在体育舞蹈中，基本身体的姿态主要是以芭蕾舞和古典舞的姿态为基础的。这里就主要对这两种舞的身体姿态进行指导。

一、芭蕾舞基本姿态指导

（一）基本手位与脚位

芭蕾舞的手部自然姿势为手掌手腕自然下垂，手指伸长，拇指与中指稍向内收。

1. 基本手位

芭蕾舞的手位有许多种，它们以"位"来确定相对位置。

（1）一位：两臂自然在体前下垂，两肘关节稍稍向外突出，两臂呈弧形，双手指尖相对，掌心向上。

（2）二位：在一位的基础上两臂向前平举，与肩齐高。

（3）三位：在二位的基础上两臂上举，上举角度接近但不达到 90%。

（4）四位：在三位的基础上一手保持，另一手回至二位。

（5）五位：在四位的基础上位于二位上的手臂向侧打开。

（6）六位：在五位的基础上位于三位的手下落至二位。

（7）七位：在六位的基础上位于二位的手经体前向侧打开。

手位练习的注意点主要是要确保动作过程中肩膀部位的放松，手肘和手腕等关节自然弯曲，两臂要始终保持弧形的姿态，而不能有僵直感。

2. 基本脚位

芭蕾舞基本脚位详细描述如下。

（1）一位：两脚脚跟并拢，脚尖朝两侧分开，两脚近乎呈一条直线。

（2）二位：在一位的基础上两脚跟分开，宽约一脚距离。

第五章 体育舞蹈基础技能培养

（3）三位：一脚跟叠于另一脚跟后站立。

（4）四位：两脚前后平行站位，距离一脚，两脚脚尖朝向左右两边。

（5）五位：在四位的基础上将平行的两脚相贴。

脚位练习的注意点主要有髋部始终保持正直，腿部与臀部的肌肉要做到收紧。脚位开度要到位，从髋到脚都要外开。

（二）基本舞姿

所谓的舞蹈姿态是指多种静态动作造型。芭蕾舞中的基本舞姿有鹤立式、交叉式、攀峰式、俯望式、迎风展翅式等主要类型。

1. 鹤立式

鹤立式舞姿共有前鹤立式、后鹤立式两种。鹤立式舞姿可在主力腿半蹲、直立、立踵等多种状态下完成。下面对两种鹤立式舞姿的动作进行具体描述。

（1）前鹤立式

动力腿前抬90°，小腿抬起的高度要接近大腿，高于大腿更佳。手位为五位。

（2）后鹤立式

动力腿后抬90°，小腿抬起的高度要接近大腿，高于大腿更佳。手位为五位。

2. 交叉式

交叉式有前交叉式、后交叉式两种。

（1）前交叉式

面向8点方向，右脚前五位站立。右脚向前做擦地动作然后脚尖点地。手位为五位，头朝向2点方向。

（2）后交叉式

面向8点方向，右脚前五位站立。左脚向后做擦地动作然后脚尖点地。手位为五位，头朝向2点方向。

3. 攀峰式与俯望式

攀峰式与俯望式由侧举腿动作开始,然后再通过身体和方向的变化形成两种舞姿。

（1）攀峰式

面向 8 点,左脚在前五位站立,右腿经体侧擦地后抬起超过 90° 的高度。右左手分别为三位、七位,头向右微转,身体微向左倾斜,目视右上方。

（2）俯望式

该舞姿大体与攀峰式相同,不同点为头向左微转,然后低头目视左下方。

4. 迎风展翅式

迎风展翅式舞姿根据不同的手臂、腿及身体方位的变化可衍生出以下四种形式。

（1）迎风展翅式 1

重心落于右腿,左脚向后擦出后抬起,高度不限。右手伸向前方,左手伸向斜后方。

（2）迎风展翅式 2

重心落于右腿,左脚向后擦出后抬起,高度不限。左手伸向前方,右手伸向侧后方,头向左转。

（3）迎风展翅式 3

重心落于右腿,左脚向后擦出后抬起,高度不限。左手伸向前方,右手伸向右后方,目视左手前方。

（4）迎风展翅式 4

重心落于右腿,左脚向后擦出后抬起,高度不限。右手伸向前方,左手侧后打开,头转向右方看右手。

（三）芭蕾基本动作组合练习

芭蕾舞基本动作组合练习,就是将几种芭蕾舞基础动作进行适当组合,然后进行练习的方法,如此可使学生对芭蕾基础姿态有更深入的理解与把握,展现出更多、更具有代表性的芭蕾舞风格。

具体的芭蕾基本动作组合练习的方法如下。

准备姿势:面向1点,右脚前五位站立,手位为一位。

1. 第一个八拍

1拍:右手二位,目视右手。

2拍:右手七位,目视右手。

3拍:右手落下,微低头,目视右手。

4拍:右手一位,目视前方。

5~8拍:动作与1~4拍一致,唯方向相反。

2. 第二个八拍

1拍:手位为二位,目视双手。

2拍:手位为三位,目视斜上方。

3拍:手位为七位,头部左转,目视左手。

4拍:手位为一位,目视前方。

5拍:手位为七位,头部稍左转,目视左手。

6拍:手位为三位,目视前方。

7拍:手位为两位,目视双手。

8拍:手位为一位,目视前方。然后身体转向8点方向。

3. 第三个八拍

1拍:面向8点,右脚向前擦出后以脚尖点地,手位为五位,头转向2点。

2拍:右腿向上抬起。

3拍:右腿下落后以脚尖点地。

4拍:右脚为五位,手位为一位,头转向8点。

5拍:面向8点,右脚向前擦出后以脚尖点地,手位为五位,头左转后低下,目视左下方。

6拍：左腿向后擦出后上举。

7拍：左腿回落后再向前，以脚尖点地。

8拍：左脚为五位，手位为一位，头转向8点。

4. 第四个八拍

1拍：右脚向侧方擦出后以脚尖点地，右手手位为三位，左手手位为七位，头左转，低头目视左下方。

2拍：右腿上举。

3拍：右腿下落后以脚尖点地。

4拍：右脚脚位为五位，手位为一位，头转至1点。

5拍：左腿向侧擦出后以脚尖点地，左手手位为三位，右手手位为七位，头左转，抬头目视左上方。

6拍：左腿上举。

7拍：左腿下落后以脚尖点地。

8拍：左脚脚位为五位，手位为一位，头转至1点。身体朝向为3点。

二、古典舞基本姿态指导

（一）手型、手位及脚型、脚位

1. 基本手型

（1）兰花掌

动作方法为食指、小指、无名指伸直，拇指与中指内收后指尖接触。

（2）虎口掌

动作方法为五指伸直并拢，然后虎口张开，掌的外侧发力。

（3）半握拳

动作方法为除拇指外的其余四指并拢内收为空心拳，拇指内屈贴顶食指和中指。

（4）实心拳

动作方法为除拇指外的其余四指并拢内收为实心拳,拇指内屈贴顶食指和中指。

（5）单指

动作方法为食指伸直,其余四指内收,拇指搭在中指上,无名指与小指自然弯屈。

（6）剑指

动作方法为食指与中指伸直并拢,无名指和小指内收,拇指内屈抵住内收的两指。

2. 基本手位

（1）山膀位

动作方法为手臂先做侧平举,然后向内旋,肘部微屈,扣腕,指尖朝向前方。

（2）按掌位

动作方法为两手手掌于身体前方下按,掌心向下,肘部有一定弯屈。

（3）托掌位

动作方法为两手手掌上举,掌心向上。

（4）提襟位

动作方法为手臂弯屈,两手提至髋部两侧,握拳。

（5）扬掌位

动作方法为两臂斜上举,两手掌心向上。

（6）顺风位

动作方法为一手为山膀位,另一手为托掌位。

3. 基本脚形

（1）勾脚

动作方法为脚趾并拢,脚的拇指带动脚腕向上勾。

（2）绷脚

动作方法为脚趾并拢用力下压,从而使脚背绷起。

（3）抠脚

动作方法为脚趾并拢用力下压，成绷脚后向里翻。

4. 基本脚位

（1）正步

动作方法为双脚并拢，脚尖朝前，两脚尖没有空隙。

（2）"八"字步

动作方法为两脚脚跟并拢，脚尖分开，分开角度约为60°。

（3）"丁"字步

动作方法为一脚脚跟抵靠另一脚脚弓，两脚相交约成90°。

（4）大"八"字步

动作方法为将"八"字步的两脚分开，分开距离约与肩同宽。

（5）踏步

动作方法为一脚在前，后脚脚掌向斜后方踏出。

（6）大掖步

动作方法为一腿弯屈半蹲，另一腿向后撤，然后掖于弯屈腿的斜后方。

（7）弓步

动作方法为一腿大步前迈后弯屈，大腿几乎与地面平行，小腿与地面垂直。另一腿在后伸直且全脚掌着地。

（二）基本动作

1. 单手动作

（1）撩掌

动作方法为手心向下，手腕带动手臂经体侧由下向上撩起。

（2）盖掌

动作方法为手心向下，手臂弯屈，两臂后从头上经体前盖至胸前。

（3）切掌

动作方法为手心向里,手臂弯屈,两臂后从头上经体前盖至胸前。

（4）端掌

动作方法为手心向上,手臂弯屈,两臂经体侧端至胸前。

（5）分掌

动作方法为手心向下,手腕带动手臂从胸前经头上分开成扬掌动作或下落。

（6）穿掌

动作方法为手心向下,手指并拢伸直指向上方,然后翻腕成手心向上的动作。

2. 双手动作

（1）云手

动作方法为右手掌心从朝向身体开始转变为向下,然后手臂弯屈在身体前经下方左方划半圆,同时左手掌心向上,由里向外划半圆。左右手依次完成划半圆的动作后交叉于胸前,右手下左手上。

（2）双晃手

动作方法为两手掌心向下,在手的带动下手臂由下向上绕环。

（3）小五花

动作方法为手腕带动手掌做小云手动作,然后双手交叉于胸前。然后右手向里转,左手向外转,成手心相对,继续转成左手在上。小五花动作应连续做出若干个。

3. 基本舞姿

（1）端腿

动作方法为主力腿支撑重心,动力腿膝部弯屈抬起,小腿与地面平行,脚心上翻,两臂为山膀位。

（2）小射燕

动作方法为主力腿支撑重心,动力腿膝部弯屈后抬,小腿抬起的角度稍高于与地面的平行线,上体向主力腿一侧稍转动,手臂为顺风旗位。

（3）大射燕

动作方法为在小射燕的基础上主力腿膝部弯屈,此前抬起的动力腿进一步高抬。

（4）掀身探海

动作方法为主力腿支撑重心,动力腿向后抬起,抬起角度近乎与地面垂直,身体稍向动力腿一侧转动。

（三）古典舞基本动作组合练习

将古典舞基础动作结合起来练习,更有助于学生对古典舞动作的形象认识,以及对古典舞的风格与特点有所掌握。而这些组合动作练习也是未来跳成舞的基础练习,因此需要给予重视。古典舞基本动作组合练习共有 4 个 8 拍,具体指导如下：

1. 第一个八拍

第 1～4 拍：面向 2 点。"丁"字步站立,右脚在前,双手叉腰,头向 8 点。开始后左脚上步右脚跟,双手做云手后到双山膀位。

第 5～8 拍：左脚右前方上步,重心转换至左脚。右脚移至左后方,过程中左手按于体前,右手在头上托掌,左转头,眼睛看左下方。

2. 第二个八拍

第 1～4 拍：重心在右腿,左腿前伸脚尖点地,过程中左手在头上托掌,右手按于体前。

第 5～8 拍：重心在左腿,左腿弯屈支撑,右腿在后屈腿踏地,过程中左手山膀位,右手按掌位。

第五章 体育舞蹈基础技能培养

3. 第三个八拍

第1~4拍：取踏步位，右臂经下方向侧方绕动，身体随转360°。

第5~8拍：右腿在前弯屈支撑，左腿弯屈并后抬，过程中左手托掌，右手山膀位。

4. 第四个八拍

第1~4拍：左脚向左侧方上步，右脚向左脚靠近并在斜后踏步，过程中双手从左向右做晃手，停于腰部前方，然后左手下推，右手握空拳，肘部弯屈上拉。

第5~8拍：右脚向右侧方上步，左脚向右方掖腿成大掖步，过程中左臂从下向上成托掌位，右臂山膀位。

第三节 把杆基础

在体育舞蹈的基础内容练习中，把杆训练是非常重要的一项。这项训练的重要性在于通过它可以培养学生良好的身体姿态和舞蹈感觉，特别是有助于他们下肢和躯干柔韧性及协调性的增强。

一、基本扶把方法教学指导

在把杆训练中，把杆的高度应与学生的腰部高度相当。基本扶把的方式主要有双手和单手两种，下面进行详细指导。

（一）双手扶把

在做双手扶把动作时，身体要与把杆间隔约30cm的距离，身体面对把杆站稳，双手轻轻扶把，双手距离与肩同宽，肘部和肩部均保持放松状态。

（二）单手扶把

在做单手扶把动作时,身体与把杆的间隔距离约5cm。扶杆手放在身体前方不远处的杆上,肩部与肘部放松,另一手自然向体侧打开。

二、基本动作教学指导

把杆练习中的基础动作包括擦地、蹲、小踢腿、划圈、单腿蹲、小弹腿、控腿等。这里具体对这几种基础动作进行指导。

（一）擦地

擦地,是把杆训练中较为基础的动作。练习时,脚取一位或五位,以向前、向侧和向后等方向做蹦脚练习,如此对构建出良好的腿部动作有很大的帮助。

1. 动作方法

擦地动作依据方向的不同有三种方法。通常脚选择一位或五位站立,手扶杆,上身挺直、夹臀、收腹,整个身体保持适度的紧张。

（1）向前擦地

动力腿保持正直,重心在主力腿。动力腿的脚尖绷紧,做向前擦地动作,脚跟在此时要以最大力量向前顶,使得脚跟、脚心、脚掌依次离地,最终使脚在地面上方的空中呈绷紧状态,脚尖落在主力腿前后投影面上。然后按原动作的相反顺序复原。

（2）向侧擦地

重心在主力腿,动力腿保持正直,然后向侧方擦出,过程中脚背要绷紧,到高点后脚尖点地,脚跟向前顶,充分拉长腿部肌肉。然后按原动作的相反顺序复原。

（3）向后擦地

重心在主力腿,动力腿保持正直,然后向后方擦出,过程中先出脚尖,动力腿充分延展到后下方,脚面朝外,脚尖落在主力腿前后投影面上。然后按原动作的相反顺序复原。

2. 教学要求

（1）擦地动作要确保先出脚跟,以确保擦地动作的完全。在做还原动作时应确保脚尖先动。

（2）擦地练习本着由易到难的原则,可先以双手扶把向侧擦地作为初始练习的方法。熟练后再以单手扶把进行多方向的擦地练习。

（3）初学者练习时可先使用"八"字位站立。

（二）蹲

蹲,是双腿弯屈后形成的姿态。蹲的动作对促进腿部肌肉发展非常有益,此外,蹲姿还有助于促进跟腱弹性、韧性发展,以及帮助运动者提高对膝关节的控制能力。

1. 动作方法

蹲姿根据蹲的程度可分为半蹲和全蹲。

（1）半蹲

脚位为一位,上体保持正直。两腿屈膝下蹲,动作缓慢,到最低限度时停止。过程中始终要保持全脚掌着地。此后,两膝逐渐伸直还原。

（2）全蹲

脚跟缓慢离地,且在半蹲的基础上进一步下蹲至最低限度,后背挺直,双腿外开。在最低限度时也要确保臀部不碰触脚跟。此后,两膝逐渐伸直还原。

2.教学要求

（1）先体会半蹲姿势，熟悉后再练习全蹲。在半蹲练习中，前五个脚位的半蹲方法一致。三、四、五脚位的全蹲方法一致，脚位为二位时的全蹲姿态注意不要让脚跟抬起。

（2）下蹲时要确保髋、膝、脚尖这几个部位的开度一致。

（3）在下蹲和起立的过程中各主要部位始终要保持对抗性。

（三）小踢腿

小踢腿动作是以擦地后踢腿为动作基础的，但力度和速度相比于擦地要更大一些。小踢腿练习主要锻炼的是腿和脚在快速动作中的控制能力。

1.动作方法

小踢腿动作有向前、向侧和向后三个方向。

（1）向前小踢腿

选择一或五的脚位站立，动力腿先擦出后踢起，此动作要非常连贯没有空隙，踢腿的高度约与地面呈25°角，然后落地还原。

（2）向侧小踢腿、向后小踢腿

向侧和向后的小踢腿动作与向前小踢腿动作一致，唯方向不同。

2.教学要求

（1）初学者对动作的掌握如果略显生疏，则可先将擦地和踢腿两个动作分别练习，待熟练后再结合练习。小踢腿动作的速度和力度都相对较大，为了让身体在动作过程中保持稳定，需要特别对主力腿的稳定性予以关注。

（2）为确保动作为小踢腿，就要严格将踢腿的高度限定在不高于25°，这就对小腿肌肉的控制力提出了较高要求。

第五章　体育舞蹈基础技能培养

(四)划圈

划圈是腿部绕环的动作。这项练习对髋关节的灵活性及对腿的控制力提升有较大的帮助。

1. 动作方法

划圈的方向非常灵活,可由前向后,也可由后向前。

(1)地面划圈

①由前向后划动

主力腿支撑身体重心,动力腿向前擦出,再以前→侧→后的顺序划动,然后回到原位。

②由后向前划动

主力腿支撑身体重心,动力腿向后擦出,再以后→侧→前的顺序划动,然后回到原位。

(2)空中划圈

①由前向后划动

主力腿支撑身体重心,动力腿向前做小踢腿后成小鹤立式,腿部保持伸直状态,由脚背带动以胯为轴以前→侧→后的顺序划动,然后回到原位。

②由后向前划动

主力腿支撑身体重心,动力腿向后做小踢腿,腿部保持伸直状态,由脚跟带动以胯为轴以后→侧→前的顺序划动,然后回到原位。

2. 教学要求

(1)划动动作仅限于动力腿,其余部位不应随动力腿的划动而转动。

(2)划动时动力腿应保持外开状态,划动要到位。明确好从前向后划动和由后向前划动的带动部位。当腿处于空中时,脚背应发挥最主动的带动作用。

(五)单腿蹲

单腿蹲与双腿蹲的主要动作和目的类似,其也是通过膝关节的屈伸动作来实现的。单腿蹲动作更能提升腿部肌肉的力量以及身体对两腿的动作协调能力。

1. 动作方法

主力腿支撑身体重心,然后膝关节弯曲,缓慢下蹲,下蹲过程中逐渐回收动力腿的小腿,该腿脚尖贴近主力腿小腿。然后主力腿缓慢伸直还原,动力腿向前伸出,角度约与地面呈45°。

该项练习也可以通过改变动力腿的打开方向变换为向侧、向后等方向的单腿蹲。需要说明的是,在做向后单腿蹲练习时应注意将回收的脚尖贴近主力腿的小腿后方。

2. 教学要求

(1)主力腿与动力腿的屈伸几乎是同时进行的,这对双腿的协调是一个考验,过程中要确保两腿的动作连贯和顺畅。

(2)动力腿在结束下蹲动作之后收回,此时两腿都要有一个伸直的过程,这个过程是必要的,不能省去。然后再开始做动力腿的伸出动作。

(3)初学时可采用双手扶把,这有利于动作的分解教学,待熟练后再使用单手扶把的方法教学。

(六)小弹腿

小弹腿是通过膝关节的快速屈伸来实现小腿弹动的动作。这一动作有助于腿部肌肉快速运动与控制能力的提升。

1. 动作方法

取五位站立,主力腿支撑身体重心,动力腿稍抬,大腿保持在一定角度后固定,小腿在膝关节的屈伸下快速弹动,小腿弹出的角度约 25°。

当向前小弹腿动作掌握娴熟后,还可将出腿的方向改变为侧向或后向,在向后小弹腿动作中应做到小腿收回时碰触到主力腿小腿的后部。

2. 教学要求

(1)小弹腿动作要做得快速,并且踢出后的角度相对准确。

(2)小弹腿动作过程中除了动力腿外,其他身体部位不应出现晃动。

(七)控腿

控腿是控制腿维持在某个高度上的动作。这一动作对腿部、腹部、背部的肌肉力量和控制能力有较大的提升作用。

1. 动作方法

主力腿支撑身体重心,动力腿向前做擦地后抬起,抬起角度不低于 90°,维持这个高度一段时间后缓慢放下还原。

当做向前控腿动作娴熟后,还可向侧方、后方做控腿练习。

2. 教学要求

(1)做控腿动作过程中身体和脖颈始终保持挺直状态,主力腿也要保持伸直。

(2)初学者在练习时可先将动力腿控制在 90° 的高度,适应后再逐步上抬。

第四节　舞步基础

一、柔软步

(一)舞步动作指导

原地站稳,右腿支撑身体重心,左腿向前下方伸出,脚面绷直,脚尖着地。缓慢将重心过渡到左腿,如此两腿交替练习。

(二)练习注意点

(1)动作过程中要做到抬头、挺胸、收腹、立腰。
(2)初学者练习可先采用双手叉腰的方式,待娴熟后可配合其他手臂动作练习。

(三)组合练习指导

准备姿态:身体保持正直,站立。

1. 第一个八拍

第 1~4 拍:面向 8 点,左脚向前做一拍一步的柔软步,左臂在脚步移动时做由前向后的绕环。

第 5~8 拍:面向 2 点,再向前出柔软步,右臂在脚步移动时做由前向后的绕环。

2. 第二个八拍

第 1~4 拍:面向 8 点,再向前出柔软步,两臂在脚步移动时做由前向后的绕环。

第 5~8 拍:面向 2 点,再向前出柔软步,两臂在脚步移动时同时做侧方波浪。

3. 第三个八拍

第 1 ~ 4 拍：面向 8 点，再向前出柔软步，右臂在脚步移动时做侧方波浪摆动。

第 5 ~ 8 拍：面向 2 点，再向前出柔软步，左臂在脚步移动时做侧方波浪摆动。

4. 第四个八拍

第 1 ~ 4 拍：面向 1 点，再向前出柔软步，两臂在脚步移动时同时做由内向外的绕环。

第 5 ~ 8 拍：面向 1 点，再向前出柔软步，两臂在脚步移动时同时做由内向外的绕环。

二、足尖步

（一）舞步动作指导

两脚正步站立后提踵，双手叉腰。动作开始后，左腿抬起向前下方伸出，过程中脚面和膝关节绷直，左脚以脚尖先着地，然后逐渐依次着地至最终全掌着地。此时身体重心向前移动，然后左右脚交替以这种方式行进。

（二）练习注意点

（1）动作过程中要做到立踵充分、挺胸、收腹、立腰。
（2）每迈出一步要尽量保证步幅均匀。
（3）初学者在做练习时双手叉腰，待熟练后再配合其他手臂动作练习。

（三）组合练习指导

预备姿态：两脚正步站立，提踵，双手叉腰。

1. 第一个八拍

第 1~4 拍：左脚向前四拍足尖步，过程中保持抬头、挺胸，左肩在前，右肩在后。

第 5~8 拍：再做四拍向前足尖步，右肩在前，左肩在后。

2. 第二个八拍

第 1~4 拍：再做四拍向前足尖步，左臂向左斜上方举起，右臂向右斜下方举起。

第 5~8 拍：再做四拍向前足尖步，右臂向右斜上方举起，左臂向左斜下方举起。

3. 第三个八拍

第 1~4 拍：再做四拍向前足尖步，左手手位为三位，右手手位为七位。

第 5~8 拍：向左转体 360°，过程中双手手位转换为三位。

4. 第四个八拍

第 1~4 拍：再做四拍向前足尖步，右手手位为三位，左手手位为七位。

第 5~8 拍：向右转体 360°，过程中双手手位转换为三位。

三、弹簧步

弹簧步是一种展现富有灵动弹性的舞步，其可以朝多个方向以及结合多种腿部状态进行，通常为一步两拍的节奏。

（一）舞步动作指导

1. 向前弹簧步

第 1 拍，左脚前出步，从脚尖到脚掌依次着地，着地过程中膝部稍屈,重心落于左脚,右腿膝部也保持在稍屈的状态下。

第2拍,左腿伸直,脚踵提起,同时右脚脚面绷直稍有外旋,向前下方伸出。

第3~4拍,动作同第1~2拍,唯方向相反。

2. 向侧弹簧步

第1拍,左脚向左迈步,从脚尖到脚掌依次着地,着地过程中膝部稍屈,重心落于左脚,右腿膝部也保持在稍屈的状态下,膝关节外展,右脚在左脚后方以前脚掌落地。

第2拍,转换重心到右腿,同时右腿伸直,脚踵提起,左腿此时向左侧下方伸出。

第3~4拍,动作同第1~2拍,唯方向相反。

3. 向后弹簧步

与向前弹簧步相同,唯方向相反。

(二)练习注意点

(1)脚不着地时的顺序要正确,且过程柔和。
(2)动作过程中上体应始终保持直立,注意控制步幅。
(3)初期练习两手先叉腰进行,待娴熟后再与其他手臂动作配合练习。

(三)组合练习指导

准备姿态:自然站立,两脚并拢。
第一个八拍:左脚向前依次完成四次弹簧步。
第二个八拍:左脚向左依次完成四次弹簧步。
第三个八拍:右脚向右依次完成四次弹簧步。
第四个八拍:左脚向后依次完成四次弹簧步。
第五个八拍:左脚向左依次完成四次90°转体的弹簧步。
第六个八拍:右脚向右依次完成四次90°转体的弹簧步。

四、变换步

变换步作为一种基础舞步,具有柔和、舒展的特点。其变化形式多样,有朝不同方向的变换步以及多种形式的变换步。

(一)舞步动作指导

1. 向前变换步

第1拍前半拍,左脚向前柔软步,在后半拍中转换重心到左腿,右脚向左脚靠,两臂在一位。

第2拍,左脚向前柔软步,在后半拍中转换重心到左腿,右腿伸直,脚尖点地。

第3~4拍,动作同第1~2拍,唯方向相反。

2. 向侧变换步

第1拍,在前半拍中左腿向左出步,在后半拍中转换重心到左腿,同时右脚向左脚靠,两臂在一位。

第2拍,左腿再向左侧出步,同时转换重心到左腿,右腿伸直,脚尖右点地,左臂上举,右臂前举。

第3~4拍,动作同第1~2拍,唯方向相反。

3. 向后变换步

第1拍,在前半拍中右脚向后出步,在后半拍中转换重心到右腿,同时左脚靠向右脚,两臂成一位。

第2拍,右脚向后出步,同时转换重心到右腿,左腿伸直,脚尖前点地,左臂从侧向上举,右臂前举。

4. 转体变换步

第1拍,在前半拍中左脚向前出步,在后半拍中转换重心到左腿,右脚靠向左脚,两臂成一位。

第2拍,左脚向前出步,右腿前摆,同时身体左转180°,过程中右腿向后摆并举起,两臂经前方成三位。

(二)练习注意点

(1)注意控制步幅,上身始终保持直立、立腰、收腹。涉及重心转换的地方要保证顺畅和连贯。

(2)初学者先以双手叉腰配合脚步练习,待熟练后再搭配其他手臂动作练习。

(3)在做变换步的转体动作时,动力腿向前摆至90°时,应由脚尖作为带动部位来带动身体内转。

(三)组合练习指导

准备姿态:自然站立,两脚并拢。

第一个八拍:左脚向前依次完成四次变换步,两臂随步自然摆动。

第二个八拍:左脚向左依次完成四次变换步,然后再向右完成四次,两臂随步自然摆动。

第三个八拍:左脚向后依次完成四次变换步,两臂随步自然摆动。

第四个八拍:身体左转90°,左脚向前依次完成三次变换步,手臂背后,第四拍在做变换步的同时结合转体,两手在三位。

第五个八拍:面向3点,动作与第四个八拍一致。

五、华尔兹

华尔兹是一种基础舞步,具有优美、流畅、轻盈的特点。通常来说,华尔兹舞步主要在3拍的节奏中完成。根据需要,舞步可以有多个方向和多种形式,变化较为丰富。

（一）舞步动作指导

1. 向前华尔兹

第1拍，左脚向前出弹簧步，重心在左腿，此时身体稍向左倾，左臂完成一次小波浪动作。

第2~3拍，右脚向前出两个足尖步，再朝反方向做相同的动作。

2. 向侧华尔兹

第1拍，左脚向左出侧弹簧步。

第2~3拍，右脚在左脚后方点地，然后右腿伸直，此时两脚并拢，脚跟提起，此时身体稍向左倾，两臂向左完成一次侧波浪动作，眼睛看左手。再朝反方向做相同的动作。

3. 向后华尔兹

第1拍，左脚向后出步，身体稍左转，右臂自然向前摆动，左臂自然向后摆动，眼睛看向前方。

第2~3拍，右脚在左脚后方点地，然后右腿伸直，左脚向后并步，过程中右臂完成向前波浪，左臂完成向侧后的波浪。

4. 华尔兹转体

以左转体为例进行说明。

（1）第一个三拍

第1拍，左脚向前出一弹簧步。

第2拍，右脚向前出一足尖步，过程中身体左转90°。

第3拍，右脚足尖步并于左脚，过程中身体右转90°，然后两脚并立，脚跟提起。

（2）第二个三拍

第1拍，右脚向后出步，转换重心到左脚。

第 2 拍,右脚向后出足尖步,过程中身体右转 90°。

第 3 拍,左脚并步,过程中身体右转 90°。

向右转体的动作相同,唯方向相反。

(二)练习注意点

(1)如果做的是不同方向的华尔兹练习,则第 1 拍做出的步子的幅度要适当加大一些,待到第 2~3 拍时步子可恢复到正常幅度。

(2)初学者首先要将脚步动作练熟,熟练之后再搭配手臂动作练习。

(3)对出脚和转体的方向要时刻注意。

(三)组合练习指导

预备姿势:两脚正步站立。

1. 第一个八拍

1~2:左脚做一次向前华尔兹,左臂在身体左侧做一小波浪。

3~4:右脚做一次向前华尔兹,右臂在身体右侧做一小波浪。

5~6:与 1~2 拍动作一致。

7~8:与 3~4 拍动作一致。

2. 第二个八拍

1~2:左脚开始,做一次向后华尔兹,右臂向前做一小波浪。

3~4:右脚开始,做一次向后华尔兹,左臂向前做一小波浪。

5~6:与 1~2 拍动作一致。

7~8:与 3~4 拍动作一致。

3. 第三个八拍

1~2:左脚做一次向前华尔兹后向左转体 180°,两臂上举。

3~4:右脚做一次向后华尔兹后向左转体 180°,两手背在身后。

5~6：与1~2拍动作一致。

7~8：与3~4拍动作一致。

4. 第四个八拍

1~2：左脚做一次向左华尔兹，两臂向左做一小波浪。

3~4：右脚做一次向右华尔兹，右臂向右做一小波浪。

5~6：与1~2拍动作一致。

7~8：与3~4拍动作一致。

5. 第五个八拍

1~2：左脚做一次向后华尔兹后向右转体180°，两臂随之上举。

3~4：右脚做一次向前华尔兹后向右转体180°，两手随之背后。

5~6：与1~2拍动作一致。

7~8：与3~4拍动作一致。

6. 第六个八拍

1~2：左脚做一向左华尔兹，两臂做一向左小波浪。

3~4：右脚做一向右华尔兹，右臂做一向右小波浪。

5~6：与1~2拍动作一致。

7~8：与3~4拍动作一致。

六、波尔卡

波尔卡是一种基础舞步，具有欢快、活泼的特点。波尔卡舞步的形式多样，也可以在不同方向上进行。

（一）舞步动作指导

1. 向前波尔卡

在节拍开始前右腿先做一个小跳,同时转换重心到右脚,右腿屈膝,左腿在屈膝的同时向前下方伸出。

第 1~2 拍,左脚向前完成一个并步跳,同时转换重心到左脚,两脚在一位,身体左倾并结合微转。

第 3~4 拍,动作同 1~2 拍,唯方向相反。

2. 向侧波尔卡、向后波尔卡

动作基本同向前波尔卡,唯方向为向侧或向后。

3. 点地波尔卡

第 1 拍,左脚完成一个小跳后右腿前点地,转换重心到左腿,微屈膝,身体右倾,眼睛看右前下方。

第 2 拍,左脚完成一个小跳后右腿后点地,转换重心到左腿,微屈膝,身体左倾,眼睛看右后方。

第 3~4 拍,动作与向前波尔卡相同。

（二）练习注意点

（1）在做小跳动作时要确保动作灵动、轻巧,小跳后与并步跳的衔接要顺畅,重心的转移要自然。出一侧脚时同侧身体应随之有一定的倾斜并随之微转。

（2）初学阶段双手叉腰注重体会脚步动作,待熟练后再加入其他手臂动作配合练习。

（三）组合练习指导

预备姿势:自然站立,两脚并拢。

1. 第一个八拍

第 1 ~ 2 拍：左脚向前做波尔卡，上身随步稍左倾，两手为小七位。

第 3 ~ 4 拍：右脚向前做波尔卡，上身随步稍右倾，双手叉腰。

第 5 ~ 8 拍：动作同 1 ~ 4 拍。

2. 第二个八拍

第 1 ~ 2 拍：左脚向左做波尔卡，上身随步稍左倾，双手叉腰。

第 3 ~ 4 拍：右脚向右做波尔卡，上身随步稍右倾，双手叉腰。

第 5 ~ 6 拍：做跑跳步，同时身体向左转 360°。

第 7 ~ 8 拍：左脚向左做波尔卡，上身随步稍左倾，双手叉腰。

3. 第三个八拍

第 1 ~ 2 拍：右脚向右做波尔卡，上身随步稍右倾，双手叉腰。

第 3 ~ 4 拍：左脚向左做一次波尔卡，上身随步稍左倾，双手叉腰。

第 5 ~ 6 拍：做跑跳步，同时身体向右转 360°。

第 7 ~ 8 拍：右脚向右做波尔卡，上身随步稍右倾，双手叉腰。

4. 第四个八拍

第 1 ~ 2 拍：左脚向后做波尔卡，上身随步稍左倾，双手伸向左下方。

第 3 ~ 4 拍：右脚向后做波尔卡，上身随步稍右倾，双手叉腰。

第 5 ~ 8 拍：动作同 1 ~ 4 拍。

5. 第五个八拍

第 1 ~ 4 拍：左脚依次做前点地和后点地，然后衔接向前波尔卡，两臂在体侧自然随步摆动。

第 5 ~ 8 拍：右脚依次做前点地和后点地，然后衔接向前波尔卡,两臂在体侧自然随步摆动。

6. 第六个八拍

第1~2拍:左脚向左做波尔卡,上身随步稍左倾,双手叉腰。

第3~4拍:右脚向右做波尔卡,上身随步稍右倾,双手叉腰。

第5~6拍:动作同1~2拍。

第7~8拍:右脚、左脚、右脚依次跺地。在最后一次跺脚时双臂前伸,然后右臂向右斜上方举起。

第六章 体育舞蹈专项技能培养及拓展提高

体育舞蹈是以男女为伴的一种步行式双人舞的竞赛项目,主要分为摩登舞和拉丁舞两个项群,共十个舞种。体育舞蹈具有显著的健身、娱乐和交际价值,受到各界人士的欢迎和喜爱。本章主要阐述体育舞蹈各项目的基本舞姿与技能,以帮助习练者更好地掌握体育舞蹈技能。

第一节 摩登舞专项技能培养

摩登舞属于体育舞蹈中的一个重要项目群,主要包括华尔兹、探戈、狐步舞、快步舞以及维也纳华尔兹五种舞蹈形式。其中以华尔兹和探戈最为出名。本节主要阐述华尔兹这一舞种的基本技术动作。

华尔兹舞曲旋律优美抒情,节拍为3/4拍。第一拍为重拍,第二、三拍为弱拍,速度是每分钟28～30小节,每小节三拍为一组舞步。华尔兹舞通过膝、踝、足底、跟掌趾的动作,结合身体的升降、倾斜、摆荡,带动舞步移动,使舞步起伏连绵,舞姿华丽典雅。音乐袅娜,舞态雍容,步法婉转曼妙,速度较慢,节奏鲜明,易于初学者学习。

第六章 体育舞蹈专项技能培养及拓展提高

华尔兹的基本舞步动作如下所述：

一、华尔兹——左脚并换步练习（表6-1）

表6-1　左脚并换步基本动作

性别	节拍	舞步动作	握姿
男	1	左脚前进一步	闭式舞姿的握持方法
男	2	右脚经左脚旁横步稍前	闭式舞姿的握持方法
男	3	左脚并于右脚，重心在左脚	闭式舞姿的握持方法
女	1	右脚后退一步	闭式舞姿的握持方法
女	2	左脚经右脚旁横步稍后	闭式舞姿的握持方法
女	3	右脚并于左脚，重心在右脚	闭式舞姿的握持方法

二、华尔兹——右脚并换步练习（表6-2）

表6-2　右脚并换步基本动作

性别	节拍	舞步动作	握姿
男	1	右脚前进一步	闭式舞姿的握持方法
男	2	左脚经右脚旁横步稍前	闭式舞姿的握持方法
男	3	右脚并于左脚，重心在右脚	闭式舞姿的握持方法
女	1	左脚后退一步	闭式舞姿的握持方法
女	2	右脚经左脚旁横步稍后	闭式舞姿的握持方法
女	3	左脚并于右脚，重心在左脚	闭式舞姿的握持方法

三、华尔兹——左转步练习（表6-3）

性别	节拍	脚步动作	握姿
男	1	左脚前进一步开始左转	闭式舞姿的握持方法
男	2	右脚经左脚旁横步，同时左转90°	闭式舞姿的握持方法
男	3	左脚并于右脚，继续左转45°，重心在左脚	闭式舞姿的握持方法
男	4	右脚后退一步，略左转，背向舞程线	闭式舞姿的握持方法

续表

性别	节拍	脚步动作	握姿
	5	左脚经右脚旁横步，同时身体左转135°	
	6	右脚并于左脚，重心在右脚	
女	1	右脚后退一步开始左转	闭式舞姿的握持方法
	2	左脚经右脚旁横步，同时身体左转135°	
	3	右脚并于左脚，重心在右脚	
	4	左脚前进一步，略左转	
	5	右脚经左脚旁横步，同时身体左转90°	
	6	左脚并于右脚，继续左转45°，重心在左脚	

四、华尔兹——右转步练习（表6-4）

性别	节拍	脚步动作	握姿
男	1	右脚前进一步，开始右转	闭式舞姿的握持方法
	2	左脚经右脚旁横步，同时身体右转90°	
	3	右脚并于左脚，继续右转45°，重心在右脚	
	4	左脚后退一步	
	5	右脚经左脚旁横步，身体右转135°	
	6	左脚并于右脚，重心在左脚	
女	1	左脚后退一步，开始右转	闭式舞姿的握持方法
	2	右脚经左脚旁横步，身体右转135°	
	3	左脚并于右脚，重心在左脚	
	4	右脚前进一步，继续右转	
	5	左脚经右脚旁横步稍前，同时身体右转90°	
	6	右脚并于左脚，继续右转45°，重心在右脚	

第六章　体育舞蹈专项技能培养及拓展提高

第二节　拉丁舞专项技能培养

拉丁舞也是国际标准舞中的一个舞系，主要有五个舞种，即伦巴、恰恰恰、桑巴、牛仔舞和斗牛舞。本节主要介绍恰恰恰这一舞种的基本动作习练方法。

一、恰恰恰——追步练习

（一）左追步（表6-5）

表6-5　左追步基本动作

节拍	脚步动作	手臂动作
4	左脚向左侧横步（小步）	两臂侧举
&	右脚并步，双膝略屈，脚跟略提起，重心完全在脚掌	
1	右脚伸膝发力，把左脚"推"向侧横步，结束时两膝伸直，左脚全脚掌立，右脚侧点	

（二）右追步（表6-6）

表6-6　右追步基本动作

节拍	脚步动作	手臂动作
4	右脚向右侧横步（小步）	两臂侧举
&	左脚并步，双膝略屈，脚跟略提起，重心完全在脚掌	
1	左脚伸膝发力，把右脚"推"向侧横步，结束时两膝伸直，右脚全脚掌立，左脚侧点	

二、恰恰恰——锁步练习

(一)前进锁步(表6-7)

表6-7 前进锁步基本动作

节拍	脚步动作	手臂动作
4	右脚向前一步	两臂侧举
&	左脚脚尖在靠近前脚跟稍外侧的位置,脚尖外转,前腿直膝,后腿略弯	
1	左脚伸膝发力,把右脚"推"向前,脚位是向前偏右	

(二)后退锁步(表6-8)

表6-8 后退锁步基本动作

节拍	脚步动作	手臂动作
4	左脚后移一步,脚前掌点地,脚尖向外	两臂侧举
&	右脚交叉在前,脚跟在靠近左脚脚尖稍外侧的地方,脚尖外转	
1	右脚伸膝发力把左脚"推"向后,脚位是向后偏左	

三、恰恰恰——左右基本步练习(表6-9)

表6-9 左右基本步基本动作

性别	节拍	脚步动作	手臂动作
男	2	左脚向前一步,重心前移,髋向左前摆	闭式舞姿握持方法
	3	重心后移,髋向右后摆	
	4 & 1	向左追步	
	2	右脚向后一步,重心后移,髋向右后摆	
	3	重心前移,髋向左前摆	
	4 & 1	向右追步	

续表

性别	节拍	脚步动作	手臂动作
女	2	右脚向后一步,重心后移,髋向右后摆	闭式舞姿握持方法
	3	重心前移,髋向左前摆	
	4 & 1	向右追步	
	2	左脚向前一步,重心前移,髋向左前摆	
	3	重心后移,髋向右后摆	
	4 & 1	向左追步	

四、恰恰恰——前后基本步练习(表6-10)

表6-10　前后基本步基本动作

性别	节拍	脚步动作	手臂动作
男	2	左脚向前一步,重心前移,髋向左前摆	单手相握的开式舞姿
	3	重心后移,髋向右后摆	
	4 & 1	向后锁步	
	2	右脚向后一步,重心后移,髋向右后摆	
	3	重心前移,髋向左前摆	
	4 & 1	向前锁步	
女	2	右脚向后一步,重心后移,髋向右后摆	单手相握的开式舞姿
	3	重心前移,髋向左前摆	
	4 & 1	向前锁步	
	2	左脚向前一步,重心前移,髋向左前摆	
	3	重心后移,髋向右后摆	
	4 & 1	向后锁步	

五、恰恰恰——原地基本步练习(表6-11)

表6-11　原地基本步基本动作

节拍	脚步动作	手臂动作
2	左脚向前一步,重心前移	两臂侧举
3	重心后移	

续表

节拍	脚步动作	手臂动作
4	左脚后踏，重心移至左脚	
&	右脚原地一步	
1	左脚并右脚	

六、恰恰恰——郎得追步练习（表6-12）

表6-12　郎得追步基本动作

节拍	脚步动作	手臂动作
2	左脚向前一步，重心前移	两臂侧举
3	重心后移	
4	左脚右后斜踏	
&	右脚并左脚	
1	左脚向侧横步	

七、恰恰恰——扭臀步练习（表6-13）

表6-13　扭臀步基本动作

节拍	脚步动作	手臂动作
2	右脚向后一步，重心后移	两臂侧举
3	重心前移	
4	右脚左前半步，屈膝点地，膝盖朝左前方	
&	左脚并右脚，膝盖转向右前方	
1	右脚向侧横步	

八、恰恰恰——库克拉恰步练习（表6-14）

表6-14　库克拉恰步基本动作

节拍	脚步动作	手臂动作
2	左脚向侧一步，髋向左侧做"八"字绕摆	两臂侧举

续表

节拍	脚步动作	手臂动作
3	髋向右侧做"八"字绕摆	
4 & 1	向左追步	

第三节　中国民族舞蹈技能拓展学习

一、蒙古族舞蹈技能练习

蒙古族人民的性格普遍勇猛、剽悍、热情、豪爽，这种民族性格也孕育了富含草原文化的劳动舞蹈、生活风俗舞蹈以及礼仪舞蹈。正是在这样的环境的影响下，蒙古族的舞蹈也呈现出热情、豪放的特点。

（一）基本动作学练

1. 基本体态

体对 2 方向，右踏步，双叉腰，提胯、立腰、拔背；上身略左拧，重心略偏后呈微靠状，目视 8 方向远方。

2. 基本手型

（1）自然掌：五指自然平伸。
（2）空心拳：握空心拳，拇指弯曲按于食指第一关节处。

3. 基本手位

（1）体前斜下手：双手于体前斜下平伸，与肩同宽。
（2）体前侧斜下手：双手于体前侧斜下平伸。
（3）斜上手：双手向体侧斜上平伸。
（4）平开手：双手向体旁平伸，手臂略呈圆弧形。

（5）胯前按手：双手胯前按手，指尖相对呈圆弧形。

（6）胸前按手：双手胸前按手，指尖相对呈圆弧形。

（7）肩前折臂：双折臂至肩前，双肘与肩平，自然按掌。

（8）点肩折臂：双折臂与肩平，中指点肩。

（9）后背端手：双手在体后端托手，指尖相对，呈圆弧形。

4. 基本脚位

（1）正步：双脚自然并拢，脚尖对前。

（2）小"八"字：脚跟并拢，脚尖自然外开，呈"八"字状。

（3）大"八"字：小"八"字基础上，双脚相距约一脚距离。

（4）虚丁位：双脚右前左后，右前脚掌点地，重心后靠双膝略屈。

5. 基本舞步

（1）平步：又称"趟步"，一拍一步，小"八"字步，手七位准备。重心上提，脚跟微抬，双膝微屈，双脚交替蹭地行进。

（2）碎步：正步，手三位准备。脚跟发力走，步子低起、小而快，双手做柔臂。

（3）错步：小"八"字步，手七位准备。左脚前迈，右脚后踏步，左脚再前迈一步。

（4）跑跳马步：二拍完成，小"八"字步，双手勒马。第1拍，右腿前吸起，脚尖朝下后左脚前掌踏跳一步。第2拍，动作同第1拍，方向相反。

6. 肩部动作

（1）柔肩：手七位准备。右肩向前推同时左肩向后拉，然后，左肩向前同时右肩向后。

（2）耸肩：手七位准备。肩向上抬，然后放下。可单肩、双肩或交替做，重拍向上。

（3）碎抖肩：肩胛发力，两肩前后快速均匀地抖动。

7. 勒马动作

（1）单手勒马：右手握拳叉腰，左手体前空心拳伸出，肘略弯曲下沉，压腕。

（2）双手勒马：双手体前屈臂，握空心拳，左手在前，右手在左手手腕处，拳眼相对压腕。

（3）扬鞭勒马：左手体前勒马，右手持鞭由下经前往上举，体略后仰。

（4）加鞭勒马：左手体前勒马，右手持鞭由上经前向后甩鞭，体前倾。

（二）技巧动作学练

1. 勒马转（男、女）

体背对1点，左手勒马，右手开三位，视勒马手，左脚外"八"字3点，右脚后踏步，左胸腰后卷。1~2拍，右脚点地带动身体向左原地转，一般情况下点地两次转一圈。方向是3点、7点，左勒马手小七位自然弯曲，右开三位。

2. 勒马跳转（男）

体对2、8点，左手勒马8点，右手开三位4点，视勒马手方向，右脚外八字1点，左脚后踏步。1~2拍，上左脚打开上步起跳右脚吸起左腿跟紧吸腿，空中旋转一圈双勒马手位。3~4拍，紧接左脚上步起跳右脚吸起左腿跟紧吸腿空中旋转一圈，扬鞭勒马手位，连续转动。

3. 勒马跳接蹲吸转（男、女）

体对8点，视行进方向，左脚前点地，双勒马手。7~8拍，起向8点左脚蹉步。1~2拍，空中单手勒马跳，女用倒踢，男用后飞燕。3~4拍，落地上左脚勒马蹲转，右脚后吸在脚脖子上，挑左旁腰。

二、维吾尔族舞蹈技能练习

维吾尔族人民主要聚居在我国新疆地区,该族群众能歌善舞,每逢节日期间,该族的男女老少都会随着民族音乐和节奏翩翩起舞,参与到舞蹈"大军"之中。维吾尔族的舞蹈有着鲜明的特色,舞者的基本体态特征为昂首、挺胸、直腰,动作有静有动,总之呈现出热情、稳重、细腻的风格特点。下面主要讲解维吾尔族舞蹈的基本动作与技巧动作,以帮助民族舞蹈爱好者掌握这一民族舞蹈动作技能。

(一)基本动作学练

1. 基本手型

(1)花形手:拇指和中指相对,另外三指自然翘起。
(2)空心拳:空心握拳,拇指放松自然贴在食指尖处。
(3)拇指冲:空心握拳,拇指放松自然张开。

2. 基本手位

(1)叉腰手位:双手虎口自然张开按于胯骨处,手腕下压,胳膊肘向前翻。
(2)平开手:双手掌型,掌心向2点和8点,臂与肩成90°。
(3)夏克手:以右为例,左手压腕于右腰前,右单顶手。
(4)托帽手(单手):一只手叉腰,另一只手托帽姿势,托帽手的肘部冲旁,要从腋下抬高。
(5)邀请手(单手):右手平开手,手心向上,左手自然下垂,目视右手方。
(6)下穿手:指尖带动由上至下经肋部直下穿至体后。
(7)背手:手背后贴于腰部。

3. 基本脚位

（1）小"八"字位：脚跟并拢，脚尖自然向外打开，呈"八"字状。

（2）前点步：在小"八"字的基础上，左腿不动，右腿向正前擦地出去，前点步半脚掌点地，脚背自然打开。

（3）后点步：在小"八"字的基础上，左腿不动，右腿向斜后擦地出去，后点步半脚掌点地，脚背自然打开。

（4）踏步位：在小"八"字的基础上，左腿不动，右腿向正后方撤步，前脚掌撑地，膝盖微弯，双腿内侧夹紧。

（5）交叉点步：小"八"字步位，重心在左脚，右脚掌向左前点地。

4. 基本舞姿

双脚正步位，立腰、挺胸、垂肩、收腹、微仰头，眼睛平视或斜下视，双手自然下垂。

舞姿一：一只手扶在反方向的腰上，另一只手扶在反方向的肩上，目视左下方，上身微前倾，行礼。

舞姿二：双手叉腰，脚前点步位，目视1点。

舞姿三：双手斜下放，手压腕翘指，脚前点步，目视1点。

舞姿四：一手托帽，另一手围腰，脚是后点步，目视2点。

舞姿五：一手托帽，另一手斜上手，脚是后点步位。

舞姿六：双手平开立掌手，脚是后点步位，目视1点。

（二）技巧动作学练

1. 拉弓手舞姿平脚点转

上身拉弓手舞姿、下右旁腰，下肢双腿稍屈，身体对1点，视觉方向对8点。以左脚为支点，右脚为点地动力脚向左旋转。右脚全脚为轴心，左脚在8点、4点分别点地两次完成一个圈的旋转。在整个转的过程中，左肩始终与脚的方向同步，上身体态保持不变。

2. 前双飞燕落跪地

体对 2 点，双手自然下垂。从 6 点向 2 点斜线移动，右脚向 2 点上步，左脚跟上，发力腾空、脚背迅速弹击胸前平伸的双手，完成空中动作，下落时，双膝弯曲，提腰。双腿脚背触地缓冲、跪地。再借下落时的反弹力量，双腿推地跳起回到出发状态。

3. 跳平转

体对 2 点、脸和视线对 8 点，双臂左六位翘手、左脚前点地。打开七位翘手，转身 1/2 圈跳落右脚、后勾提左脚，右手右肩同步到 8 点，再转身 1/2 圈、后勾提起左脚，左手左肩到 8 点，转头从左肩看到 8 点，跳落左脚，完成一次转。

4. 原地碎步翻身

双脚半脚尖，身体对 3 点，下 90°左旁腰，脸部对 1 点下方，左手顺胯部伸直翘腕、右手托帽，顺左手看出。上身动作同原地点翻身。双脚立半脚尖，碎步完成翻身动作，倒碎步 4 次完成一次翻身。

5. 甩旁腰（闪腰）

面对 1 点，小"八"字步站立，眼睛平视前方，准备拍最后一拍，双膝微屈、双手下盘腕。右脚向 7 点绷脚蹭步跳，闪身背对 1 点、手臂平伸两旁与肩平；落脚转身对 3 点，左脚向 7 点后撤一小步，双手经过下弧线、胸部微扣；重心移到左脚、右脚点地对 3 点，上身猛然向左甩旁腰（闪腰），同时大双环手经过头顶到六位翘腕。

第四节　校园集体舞蹈技能拓展学习

校园集体舞是由各种身体动作和舞步创编而成的一种适合在校园中进行的舞蹈活动。学生可以根据自己的爱好选择别具风格的集体舞，这样能极大地丰富自己的业余文化生活。

下面主要介绍校园维也纳华尔兹集体舞与校园萨尔萨集体舞的基本技能。

一、校园维也纳华尔兹集体舞

（一）校园维也纳华尔兹集体舞概述

校园维也纳华尔兹是一种快三拍节奏的舞蹈，舞曲比较轻快和明朗，舞步平稳而庄重，舞者裙摆飞扬，能给人以美的享受。维也纳华尔兹可以说有着悠久的历史，属于体育舞蹈中一个重要的舞种，其风格鲜明独特，动作舒展大方，节奏欢快清晰，旋律活泼优美，舞步轻快流畅，对观者具有强大的感染力，因此这项运动深受热爱跳舞的人的欢迎，在校园中也受到一部分学生，尤其是女生的欢迎。

（二）校园维也纳华尔兹集体舞的基本舞步

1. 上步行礼（表 6–15）

表 6–15　上步行礼基本动作

性别	节拍	脚步动作	手臂动作
男	1	右脚向旁横跨一步	两臂经前至侧平举，掌心向上
	2	左脚并右脚，同时左转 90°	左手背于腰间，右手贴于左胸前，身体前倾 25° 行礼
	3	左脚向前一小步	两臂经前至侧平举，掌心向上

续表

性别	节拍	脚步动作	手臂动作
	4	右脚并左脚，转体还原	左手牵举女舞伴右手前举，右手背于腰间。肩并肩站立
女	1	左脚向旁横跨一步	两臂经前至侧平举，掌心向下
	2	右脚点地于左脚后，同时右转90°，双膝微屈	双手牵举两侧裙摆
	3	右脚向前一小步	双手牵举两侧裙摆
	4	左脚并右脚，转体还原	右手搭在男舞伴左手上，左臂侧平举肩并肩站立

2. 向前华尔兹（表6-16）

表6-16 向前华尔兹基本动作

性别	节拍	脚步动作	手臂动作
男	1	左脚前进华尔兹	右手背于腰间，左手牵举女舞伴右手，掌心向上
	2	右脚前进华尔兹	
	3	同1拍	
	4	同2拍	
女	1	右脚前进华尔兹	右手搭在男舞伴左手上，左臂侧平举
	2	左脚前进华尔兹	
	3	同1拍	
	4	同2拍	

3. 前进后退步（表6-17）

表6-17 前进后退步基本动作

性别	节拍	脚步动作	手臂动作
男	1	左脚前进华尔兹	两臂经前上举，掌心相对
	2	右脚前进华尔兹	两臂经前下摆，还原体侧
	3	同1拍	同上
	4	同2拍，最后一拍男女面对面	同上，最后一拍双手背于腰间，眼睛对视

第六章 体育舞蹈专项技能培养及拓展提高

续表

性别	节拍	脚步动作	手臂动作
女	1	右脚前进华尔兹	两臂经前上举,掌心相对
	2	左脚前进华尔兹	两臂经前下摆,还原体侧
	3	同1拍	同上
	4	同2拍,最后一拍男女面对面	同上,最后一拍双手背于腰间,眼睛对视

4. 向侧转体华尔兹(表6-18)

表6-18 向侧转体华尔兹基本动作

性别	节拍	脚步动作	手臂动作
男	1	1拍左脚旁侧步,2拍右脚点地于左脚后,3拍左脚并右脚	两臂侧举,男女舞伴掌心相对互握
	2	同1拍,方向相反	同上
	3	1拍左脚旁侧步开始左转,2拍右脚继续旁侧步左转360°,3拍左脚并右脚	背手于腰间
	4	右脚开始原地华尔兹	最后一拍男女舞伴掌心相对互握
	5～8	同1～4拍,方向相反	第8小节双手背于腰间
女	1	1拍右脚旁侧步,2拍左脚点地于右脚后,3拍右脚并左脚	两臂侧举,男女舞伴掌心相对互握
	2	同1拍,方向相反	同上
	3	1拍右脚旁侧步开始右转,2拍左脚继续旁侧步右转360°,3拍右脚并左脚	背手于腰间
	4	左脚开始原地华尔兹	最后一拍男女舞伴掌心相对互握
	5～8	同1～4拍,方向相反	第8小节双手背于腰间

5. 换位华尔兹（表6-19）

表6-19　换位华尔兹基本动作

性别	节拍	脚步动作	手臂动作
男	1	1拍左脚旁侧步，2拍右脚点地于左脚后，3拍左脚并右脚	右肩朝前，双手背于腰间，眼睛对视
	2	同1拍，方向相反	同上，左肩向前
	3	左脚前进华尔兹	右肩朝前，背对背交换位置，双手背于腰间，眼睛对视
	4	右脚开始原地华尔兹，右后转体180°	背手于腰间
	5～8	同1～4，方向相反	第8小节成右手握舞伴右手
女	1	1拍右脚旁侧步，2拍左脚点地于右脚后，3拍右脚并左脚	双手背于腰间，眼睛对视
	2	同1拍，方向相反	同上
	3	右脚前进华尔兹	右肩朝前，背对背交换位置，双手背于腰间，眼睛对视
	4	左脚开始原地华尔兹，右后转体180°	背手于腰间
	5～8	同1～4	第8小节成右手握舞伴右手

6. 转位造型（表6-20）

表6-20　转位造型基本动作

性别	节拍	脚步动作	手臂动作
男	1	左脚前进华尔兹	男女相对站立，右手握舞伴右手上举，左手背于腰间
	2	右脚后退华尔兹	右手前平举
	3	左脚原地华尔兹	右臂上举，左手握舞伴左手
	4	右脚后退华尔兹	左臂自然弯曲于腰间，右臂上举
	5	同3	同上
	6	同4	同上
	7	同3	同3
	8	同4	右臂前举，左手背于腰间

· 158 ·

续表

性别	节拍	脚步动作	手臂动作
女	1	右脚前进华尔兹	男女相对站立,右手握舞伴右手上举,左臂侧平举
	2	左脚后退华尔兹	右臂前平举,左臂侧平举
	3	右脚前进华尔兹,同时臂下右转180°	右臂上举,左手握舞伴左手
	4	左脚后退华尔兹	同上
	5	右脚前进华尔兹	同上
	6	同4	同上
	7	右脚前进华尔兹,同时臂下左转180°	同3
	8	左脚后退华尔兹	右臂前举,左臂侧平举

7. 交叉前进后退华尔兹（表6-21）

表6-21 交叉前进后退华尔兹

性别	节拍	脚步动作	手臂动作
男	1	左脚向右斜前方前进华尔兹	左臂前举,屈肘,掌心向前和舞伴对掌一次,右臂背手于腰间
	2	右脚后退华尔兹	双手背于腰间
	3	左脚向左斜前方前进华尔兹	右臂前举,屈肘,掌心向前和舞伴对掌一次,左臂背手于腰间
	4	右脚后退华尔兹	双手背于腰间,眼睛对视
女	1	左脚向右斜前方前进华尔兹	左臂前举,屈肘,掌心向前和舞伴对掌一次,右臂背手于腰间
	2	右脚后退步	双手背于腰间
	3	左脚向左斜前方前进华尔兹	右臂前举,屈肘,掌心向前和舞伴对掌一次,左臂背手于腰间
	4	右脚后退华尔兹	双手背于腰间,眼睛对视

8. 跪膝绕转(表 6-22)

表 6-22　跪膝绕转基本动作

性别	节拍	脚步动作	手臂动作
男	1	左脚前进一步成右膝跪地	右臂上举牵举女舞伴右手，左手背于腰间
男	2	同 1 拍	同 1 拍
男	3	同 1 拍	同 1 拍
男	4	同 1 拍，最后一拍还原为起始动作	同 1 拍
女	1	右脚前进华尔兹，围绕男舞伴顺时针转 1/4 圈	右手搭于男舞伴右手，左臂侧平举
女	2	左脚前进华尔兹，继续顺时针转 1/4 圈	同 1 拍
女	3	同 1 拍	同 1 拍
女	4	同 2 拍	同 2 拍，男舞伴右手握女舞伴的右手，另一手侧举成肩并肩的姿势

9. 原地绕转(表 6-23)

表 6-23　原地绕转基本动作

性别	节拍	脚步动作	手臂动作
男	1	左脚开始原地基本华尔兹	右臂上举牵举女舞伴左手，左手背于腰间
男	2	右脚原地基本华尔兹	同 1 拍
男	3	同 1 拍	同 1 拍
男	4	同 2 拍，还原为起始动作	最后一小节左手牵举女舞伴右手，另一手侧举成肩并肩的姿势
女	1	右脚前进华尔兹，围绕男舞伴顺时针转 1/4 圈	右手搭于男舞伴右手，右臂侧平举
女	2	左脚前进华尔兹，继续绕转 1/4 圈	同 1 拍
女	3	同 1 拍	同 1 拍
女	4	同 2 拍	最后一拍右手搭在男舞伴左手上，另一手侧举成肩并肩舞姿

10. 交换舞伴（表6-24）

表6-24 交换舞伴基本动作

性别	节拍	脚步动作	手臂动作
男	1	左脚前进华尔兹	左手握女舞伴的右手，另一手背于腰间
	2	右脚前进华尔兹	同上
	3、4	同1、2	同1、2
	5	左转华尔兹	双手背于腰间
	6	继续左转华尔兹	双手背于腰间
	7	左脚原地基本华尔兹	左臂前举，右手背于腰间，等待下位舞伴
	8	右脚前进华尔兹	交换舞伴
女	1	右脚前进华尔兹	双手背于腰间
	2	左脚前进华尔兹	双手背于腰间
	3、4	同1、2	同1、2
	5	右转华尔兹	双手背于腰间
	6	继续右转华尔兹	双手背于腰间
	7	右脚前进华尔兹	右臂前举，左臂侧平举
	8	左脚前进华尔兹	交换舞伴

二、校园萨尔萨集体舞

（一）校园萨尔萨集体舞概述

萨尔萨舞属于一种拉丁风格的舞蹈，其具有热情奔放的特点，节奏强烈，讲究两个人默契的配合。萨尔萨舞不仅可以男女对跳，还能以自由独舞或以集体舞的形式展现，它简单易学，具有极强的健身性、娱乐性及社交性，能充分释放情绪，减轻压力，增强团队协作能力。

校园萨尔萨集体舞是根据萨尔萨的基本动作元素、基本舞步配以简单的双人配合、位置变化、手臂动作和方向变化创编而成的。通过校园萨尔萨集体舞的学习,能为学习萨尔萨舞奠定良好的基础。

(二)校园萨尔萨集体舞的基本舞步

1. 左右步(4 小节)(表 6-25)

表 6-25　左右步基本动作

性别	节	拍	脚步动作	手臂动作
男	一	1	左脚内收于右脚旁,踏一步重心在左脚	闭式舞姿的握持方法
		2	右脚原地踏一步,交换重心	
		3	左脚向旁横步	
		4	右脚脚尖点地	
	二	1	右脚内收于左脚旁,踏一步重心在右脚	
		2	左脚原地踏一步,交换重心	
		3	右脚向旁横步	
		4	左脚脚尖点地	
	三		同一	
	四		同二	
女	一	1	右脚内收于左脚旁,踏一步重心在右脚	闭式舞姿的握持方法
		2	左脚原地踏一步,交换重心	
		3	右脚向旁横步	
		4	左脚脚尖点地	
	二	1	左脚内收于右脚旁,踏一步重心在左脚	
		2	右脚原地踏一步,交换重心	
		3	左脚向旁横步	
		4	右脚脚尖点地	
	三		同一	
	四		同二	

2. 前进步(4小节)(表6-26)

表6-26 前进步基本动作

性别	节	拍	脚步动作	手臂动作
男	一	1	左脚前进一步	闭式舞姿的握持方法
		2	右脚前进一步	
		3	左脚前进一步	
		4	右脚脚尖点地	
	二	1	右脚前进一步	
		2	左脚前进一步	
		3	右脚前进一步	
		4	左脚脚尖点地	
	三		同一	
	四		同二	
女	一	1	右脚后退一步	闭式舞姿的握持方法
		2	左脚后退一步	
		3	右脚后退一步	
		4	左脚脚尖点地	
	二	1	左脚后退一步	
		2	右脚后退一步	
		3	左脚后退一步	
		4	右脚脚尖点地	
	三		同一	
	四		同二	

3. 后退步(4小节)(表6-27)

表6-27 后退步基本动作

性别	节	拍	脚步动作	手臂动作
男	一	1	左脚后退一步	闭式舞姿的握持方法
		2	右脚后退一步	
		3	左脚后退一步	

续表

性别	节	拍	脚步动作	手臂动作
男	二	4	右脚脚尖点地	
		1	右脚前进一步	
		2	左脚前进一步	
		3	右脚前进一步	
		4	左脚脚尖一步	
	三		同一	
	四		同二	
女	一	1	右脚前进一步	闭式舞姿的握持方法
		2	左脚前进一步	
		3	右脚前进一步	
		4	左脚脚尖点地	
	二	1	左脚前进一步	
		2	右脚前进一步	
		3	左脚前进一步	
		4	右脚脚尖点地	
	三		同一	
	四		同二	

4. 左右换位步（4小节）（表6-28）

表6-28 左右换位步基本动作

性别	节	拍	脚步动作	手臂动作
男	一	1	左脚原地踏步一次	闭式舞姿的握持方法
		2	右脚原地踏步一次	同上
		3	左脚原地踏步一次	左手与女士右手相握，右手叉腰
		4	右脚脚尖点地	同3
	二	1	右脚原地踏步一次	左手与女士右手相握，右手叉腰
		2	左脚原地踏步一次	同上
		3	右脚原地踏步一次	交换互握手

第六章　体育舞蹈专项技能培养及拓展提高

续表

性别	节	拍	脚步动作	手臂动作
女		4	左脚脚尖点地	同3
	三		同一	交换互握手
	四		同二	交换互握手
	一	1	右脚后侧一步，同时右后转体90°	闭式舞姿的握持方法
		2	左脚前进一步	同上
		3	右脚前进一步，同时向左转体180°	右手与男士左手相握，左臂侧举
		4	左脚前点地	同3
	二	1	左脚后侧一步	右手与男士左手相握，左臂侧举
		2	右脚前进一步	同上
		3	左脚前进一步，同时向右转体180°	交换互握手
		4	右脚前点地	同3
	三		同一	交换互握手
	四		同二	交换互握手

5. 背后换手换位（2小节）（表6-29）

表6-29　背后换手换位基本动作

性别	节	拍	脚步动作	手臂动作
男	一	1	左脚原地踏步一次，开始向左转体	右手与女士左手相握
		2	右脚原地踏步一次，上体继续向左转体	背后两手交叉
		3	左脚原地踏步一次，上体完成左转90°	完成换手，左手与女士右手相握，左手叉腰
		4	右脚原地点地	同上
	二	1	右脚原地踏步一次	同上
		2	左脚旁侧一步	同上
		3	右脚并左脚	同上
		4	左脚原地点地	左手与女士右手相握，右手叉腰，成扇形位打开

续表

性别	节	拍	脚步动作	手臂动作
女	一	1	右脚后退一步	左手与男士右手相握
		2	左脚旁侧一步，向男士身后移动	两手交叉互握
		3	右脚并左脚	完成换手，右手与男士左手相握，左臂侧平举
		4	左脚原地点地	同上
	二	1	左脚原地踏步一次	同上
		2	右脚旁侧一步	同上
		3	左脚并右脚	同上
		4	右脚原地点地	右手与男士左手相握，成扇形位打开，掌心向下

6. 前进转体后撤步（4 小节）（表 6-30）

表 6-30 前进转体后撤步基本动作

性别	节	拍	脚步动作	手臂动作
男	一	1	左脚前进一步	左手与女士右手相握，右手叉腰
		2	右脚前进一步，向左转体 90°	同上
		3	左脚向后侧一步，继续向左转体 90°	右臂胸前屈肘，身体成半开式相对位
		4	右脚前点地	右手与女士左手合掌
	二	1	右脚前进一步	右臂胸前屈肘，身体成半开式相对位
		2	左脚前进一步，向右转体 90°	左手与女士右手相握，右手叉腰
		3	右脚向后侧一步，继续向右转体 90°	左手与女士右手相握，成扇形位打开，掌心向下
		4	左脚前点地	同上
	三		同一	同一
	四		同二	同二

· 166 ·

第六章 体育舞蹈专项技能培养及拓展提高

续表

性别	节	拍	脚步动作	手臂动作
女	一	1	右脚前进一步	左臂侧平举
		2	左脚前进一步，向右转体90°	右手与男士左手相握，左臂侧平举
		3	右脚向后侧一步	左臂胸前屈肘，身体成半开式相对位
		4	左脚前点地	左手与男士右手合掌
	二	1	左脚前进一步	左臂胸前屈肘，身体成半开式相对位
		2	右脚前进一步，向左转体90°	右手与男士左手相握，左臂侧举，掌心向下
		3	左脚向后侧一步	右手与男士左手相握，成扇形位打开，掌心向下
		4	右脚前点地	同上
	三		同一	同一
	四		同二	同二

7. 转身换位（4 小节）（表 6-31）

表 6-31 转身换位基本动作

性别	节	拍	脚步动作	手臂动作
男	一	1	左脚旁侧一步	左手与女士右手相握，右手叉腰
		2	右脚并左脚	双手相握
		3	左脚旁侧一步	右手与女士左手相握，左手叉腰
		4	右脚原地点地	同上
	二		同一，方向相反	同一，方向相反
	三		同一	同一
	四		同二	同二

续表

性别	节	拍	脚步动作	手臂动作
女	一	1	右脚前进一步,开始右转	右手与男士左手相握,左臂侧举
		2	左脚前进一步,在男士身体前继续右转	双手相握
		3	右脚旁侧步,向右转体360°,从男士左边换位至右边	左手与男士右手相握,右臂侧举
		4	左脚原地点地	同上
	二		同一,方向相反	同一,方向相反
	三		同一	同一
	四		同二	同二

8. 换位造型(3小节)(表6-32)

表6-32 换位造型基本动作

性别	节	拍	脚步动作	手臂动作
男	一	1	左脚旁一步,开始右转	左臂上举与女士右手相握,右手叉腰
		2	右脚并左脚,继续右转,从女士身后前行	左臂提肘上举,帮助女士完成臂下左转
		3	左脚后退一步,完成右转90°	同上
		4	右脚脚尖点地	左手握女士右手前举
	二		同一,方向相反	同一,方向相反
	三		同一	同一
女	一	1	右脚前进一步,开始左转	右臂上举,掌心向上,左臂胸前屈肘
		2	左脚向前一步,继续左转,在男士身体前行	右臂屈肘上举,臂下左转
		3	右脚后侧一步,左转180°	同上
		4	左脚脚尖前点地	右手握男士左手
	二		同一,方向相反	同一,方向相反,成扇形位,掌心向下
	三		同一	同一

9. 交换舞伴(1小节)(表6-33)

表6-33　交换舞伴基本动作

性别	节	拍	脚步动作	手臂动作
男	一	1	右脚前进一步，从舞伴右侧行进	左臂前伸迎接下一位舞伴，右手叉腰
		2	左脚前进一步	同上
		3	右脚前进一步	同上
		4	左脚脚尖侧点地	完成拉丁闭式位站位
女	一	1	左脚前进一步，从舞伴右侧行进	两臂屈肘背于腰侧
		2	右脚前进一步	同上
		3	左脚前进一步	右臂前伸和下一位舞伴左手相握
		4	右脚脚尖侧点地	完成拉丁闭式位站位

第七章 体育舞蹈安全防护技能培养

　　体育舞蹈是体育运动项目之一,因而也具有体育运动的普遍特点,这也就决定了其具有一定的危险性,会存在出现意外的可能,因此,安全防护就成为体育舞蹈课程建设中需要高度重视的一个问题,舞者安全防护技能的培养也就显得尤为重要且必要了。本章从科学运动处方的制定、疲劳的恢复、伤病的处理以及特殊人群在体育舞蹈中的安全指导几个方面入手,来有效培养舞者体育舞蹈安全防护技能,尽可能避免安全事故的发生,即使发生了,也能妥善处理好相关事宜,保证体育舞蹈的正常开展。

第一节 体育舞蹈科学运动处方的制定

　　运动处方,通常会被理解为应用于体育运动的医疗处方,具体来说,就是指运动指导员为参与运动锻炼的人所制定的规定其运动的方式、持续时间、频率、运动强度和运动时的注意事项。
　　一般的,运动处方包括的内容主要有运动目的、运动项目、运动强度、运动时间、运动频率及注意事项等方面。
　　运动处方的类型也是多种多样的,通常,会根据运动目的的不同来将其分为治疗性运动处方、塑身性运动处方和预防性运动处方三种类型。

第七章　体育舞蹈安全防护技能培养

一、体育舞蹈运动处方的制定原则

体育舞蹈运动处方的制定，首先要明确必须针对体育舞蹈来进行，然后，才是其他应该遵循的重要原则。具体在制定时要遵循的原则有以下几点：

（一）科学性原则

体育舞蹈运动处方的制定，首先要符合科学性这一前提条件。这里所说的科学性体现在以下几点：

（1）体育舞蹈运动处方的制定，一定要符合人体的生理和心理特点。

（2）体育舞蹈运动处方中的运动目的、时间、强度等方面，要符合处方对象的身体特点。

（3）体育舞蹈运动处方的制定要能将运动锻炼的要求和意义充分体现出来。

（二）区别对待原则

在制定体育舞蹈运动处方时，一定要根据具体的舞种，以舞者个体的实际情况为依据来制定，从而保证运动处方与舞者个体特点相适应。这就要求在制定体育舞蹈运动处方之前，一定要充分了解并掌握每一位舞者的具体情况，根据他们身体条件的不同来区别对待。另外，由于体育舞蹈中包含的舞种多种多样，且每位舞者的身体或客观条件是处于不断变化状态中的，因此，遵循区别对待原则是非常重要的。

（三）调整性原则

制定体育舞蹈运动处方遵循调整性原则，主要是为了能够时刻保持运动处方与舞者需求和体育舞蹈发展需求相适应，这就要对既定的运动处方进行适当的调整。这种调整可以是舞种之间的,也可以是训练的强度、动作等方面的,但是,在调整时,必须要遵循客观、适度的原则,不要对既定的运动处方作过多的修改,以免打乱之前的计划。

(四)长期性和渐进性原则

体育舞蹈的开展并不是一时的,而是要经过长期的学习和锻炼才能掌握相关动作技能,才能对身体健康产生有益影响。在"终身体育"思想的指引下,在参与体育舞蹈锻炼的过程中,要严格遵循长期性原则,从而提高、巩固自己的专项技能和健康水平。

人对运动技能的掌握水平和健康水平的增长和提升都不是一蹴而就的,人体对反复持久的运动有一个适应过程,只有使适应能力逐渐增加,运动技能水平和健康水平才能得到有效提升。因此,这就要求在制定体育舞蹈运动处方时,要同时遵循长期性和渐进性原则。

(五)有效性和安全性原则

体育舞蹈运动效果的取得,与运动强度和运动量有着密切关系,因此,在制定体育舞蹈运动处方时,就要对这两个方面以及运动内容进行科学、适量的安排,从而保证对机体刺激的有效性。

另外,保证体育舞蹈运动的安全性,也是最为重要的原则。要做到这一点,首先要对有效界限和安全界限有所认识和区分。其中,有效界限是指最低锻炼效果的运动负荷;而安全界限是指参加者在保证不会出现意外的情况下所承受的最大运动负荷。一般的,只要在有效界限至安全界限这个范围内制定体育舞蹈运动处方,通常是能保证其安全性的。

二、体育舞蹈运动处方的制定方法

体育舞蹈运动处方制定的步骤主要有以下三个方面,具体要根据体育舞蹈的特点来加以调整。

第七章 体育舞蹈安全防护技能培养

（一）健康调查与评价

在制定体育舞蹈运动处方之前，要先进行健康调查与评价，这样做，是为了能够全面且深入地了解参与体育舞蹈的舞者的健康和运动情况。具体来说，健康调查与评价主要涉及以下几个方面的内容：

（1）询问参与者的病史及健康状况。

（2）了解运动史。

（3）了解运动目的。

（4）了解社会环境条件。

在调查完上述四个方面的健康情况后，就可以初步评价体育舞蹈参与者的健康状况了，然后根据得出的结果，来对参与者的身体健康状况、精神状态、社会适应能力、锻炼动机等进行评价，这也为体育舞蹈运动处方的制定提供了依据和支持。

（二）运动试验

运动试验，主要是用来对心脏功能进行评定的，其在体育舞蹈运动处方的制定过程中提供必要依据。一定要根据检查的目的和被检查者的具体情况选择运动试验方法，这样才能保证所选择的运动试验方法是科学的，是与体育舞蹈项目特点相适应的。

运动试验的适用范围并不是广泛的，一般来说，其在以下情况下是比较适用的：

（1）按照运动试验的结果，来将体育舞蹈运动处方制定出来，从而使体育舞蹈运动处方中所涉及的安全问题得到保证。

（2）对体育舞蹈参与者的体力、活动能力、心脏的功能状况等加以评定。

（3）对体育舞蹈参与者冠心病的早期诊断，对冠心病的严重程度及心瓣膜疾病功能加以评定。

（4）高度关注并及时发现由体育舞蹈运动锻炼所诱发的心律失常情况，保证高检出率。

（5）要保证良好的重复性,从而保证体育舞蹈参与者的良好康复治疗效果。

目前,用逐级递增运动负荷的方法是最常用的运动试验。具体的测定手段主要为跑台和功率自行车。

(三)体质测试

在将运动强度、运动密度确定下来之后,就能够进行体育舞蹈运动处方的制定了,体质测试就能为此提供相关的依据。

通常来说,体质测试的内容有以下几点:

1. 运动系统测试

运动系统测试的主要内容是肌肉力量的测试。测试肌肉力量的方法主要有两种,一种是手法肌力试验,另一种是围度测试。

2. 心血管系统测试

主要的测试内容有两方面,一个是静态检查,一个是动态检查。测试所参照的指标为心率、血压、心电图等方面。

3. 呼吸系统测试

测试的内容为屏气试验、通气功能检查、肺活量测定、呼出气体分析、日常生活能力评定等。

4. 有氧耐力测验

通过有氧运动的形式来对全身耐力进行测验。

三、体育舞蹈运动处方的具体制定

(一)体形标准的判定

体育舞蹈本身就是一个能够塑造形体美的运动项目。而形体美,也是可以通过人的体重这一形式反映出来的。

一般来说,标准体重是实际体重的参照数,能够将形体状况的参考指标反映出来。标准体重的计算方法有很多种,常见的有以下三种,可以加以选择。

(1) 标准体重 =(身高 –100)× 0.9(kg)

(2) 标准体重 = 身高 –100–[(身高 –150)/4](kg)

(3) 标准体重 = 身高 –(身高 165cm 以下者为 105,身高 165cm 以上者为 100)(kg)

其中,肥胖度 =(实际体重 — 标准体重)/ 标准体重 ×100%
根据肥胖度的百分比可以确定自己的肥胖程度:

正常:0% ≤肥胖度≤ 10%;

超重:10%< 肥胖度≤ 20%;

轻度肥胖:20%< 肥胖度≤ 30%;

中等肥胖:30%< 肥胖度≤ 50%;

严重肥胖:50%< 肥胖度;

消瘦:–15% ≤肥胖度 <–10%;

轻度消瘦:–25% ≤肥胖度 <–15%;

严重消瘦:–40%< 肥胖度 <–25%。

反映肥胖的重要指标是体脂指数。

体脂指数 =6.6087× 0.4389 × 肩胛下皮褶 +0.1822 × 大腿皮褶 +0.4093× 髂骨上皮褶

如果体脂指数超过了 30%,那么就可以确定为肥胖。

(二)减肥运动处方示例

(1) 运动目的:减肥、塑身。

(2) 运动项目:体育舞蹈的各个舞种。

(3) 运动强度:运动心率控制在(220- 年龄)×60% 左右;仰卧起坐 40 个 / 组 ×3 组,每次增加 2 个。

(4) 运动时间:每次不少于 60 分钟,准备活动和放松活动的时间要单算。

（5）运动频率：每周不少于3次。

（6）注意事项：减肥期间首先要保持良好的精神状态，稳定心理，合理膳食，运动前后要做好充分的准备活动和整理活动，避免运动损伤的发生。

第二节　体育舞蹈学练中的疲劳与恢复

一、体育舞蹈学练中疲劳的产生

（一）疲劳概述

疲劳是一种常见的生理现象，具体来说，就是人体活动到一定程度，组织器官乃至整个机体工作能力暂时降低的现象。由此可以得知，运动疲劳是运动训练和体育锻炼中所出现的不可避免的现象。

一般情况下，当人体感受到疲劳后，就会有相应的一些症状出现，具体可以归纳为以下几点：

（1）自我感觉：全身疲倦、无力、头重、嗜睡等。

（2）精神：精神不集中、情绪低落、无热情、焦躁不安、没有耐性、经常出差错等。

（3）全身：面色苍白、眩晕、口舌干燥、声音嘶哑、肌肉抽搐、呼吸困难、腰酸腿疼等。

（二）疲劳产生的原因

能够直接导致运动疲劳产生的原因有以下几点：

1. 身体素质与运动能力的变化

人体的身体素质，会对人体的各项机能产生基础性影响，因此，人体的身体素质较好，那么，疲劳的产生时间就会延缓；运动能力也能从一定程度上反映出其身体机能的水平,也会影响到疲劳产生的时间和程度。因此,如果人体各器官功能下降,那么,运动能力与身体素质也会因此而受到影响。

2. 体内能源贮备的减少和身体各器官功能的降低

通过对运动过程中疲劳产生时身体内能源物质的分析研究发现,其呈现出更大的消耗的特点。如果能源贮备出现了更大的消耗与减少,那么,受其影响,身体各器官功能也会有下降趋势。除此之外,还会进一步影响到肌肉活动时代谢产物的堆积及水、盐代谢变化等,如此一来,机体工作能力就会下降,进而导致疲劳的产生。

3. 精神意志因素

当人体在身体出现疲劳后,其心理上也会有疲劳的感觉,这是身体所发出的疲劳的主观信号。在运动过程中,人体各器官、系统都在神经系统的指挥下完成相应的活动,要强调的是,不管是神经系统功能降低,还是神经细胞抑制过程加强,所产生的后果都是加深疲劳程度。这时候,人的情绪意志状态与人体功能潜力的充分动员之间就会有非常密切的关系。从实际意义上来说,人体在出现疲劳的感觉时,机体的功能潜力仍然是非常大的,如果这时候具有良好的情绪意志,那么就能够将机体潜力有效动员起来,这时,疲劳就会延缓发生。

二、体育舞蹈学练中疲劳的恢复

(一)体育舞蹈中疲劳恢复的原则

1. 全面性原则

体育舞蹈本身是一个全身性运动,其需要身体整体上有良好的配合才能实现,这就体现出了其运动的全面性。同样的,要恢复体育舞蹈学练中出现的疲劳,也需要遵循这一原则,即在制定疲劳恢复的措施时,采取的尽量包括全方位的训练,不能上肢受伤练下肢,下肢受伤练上肢。

2. 针对性原则

针对性原则,就是指在全面运动的基础上,有针对性地主次分别,有重点地进行锻炼。

首先,在制定恢复措施时,要做到因人而异,个别对待。具体来说,疲劳的消除要以体育舞蹈的项目特点为依据,采取针对性措施,可以从休息、营养补给等方面入手,当然也可以从运动损伤的恢复上入手。

其次,要有针对性的处理方案,并且方案应由专门的康复科医师、教练员、参与者三者结合起来共同制定与实施。

3. 循序渐进原则

注意体育舞蹈学练中疲劳的恢复,不仅要重视恢复效果,还要保证安全性,避免运动损伤的产生。

(1)要密切观察和检查伤处反应和训练所获得的效果,根据变化随时修订计划。

(2)负荷量的大小,以体育舞蹈学练后不引起明显疼痛和经一夜休息后原有症状不见加重为宜。

(二)体育舞蹈学练中机体能源储备的恢复

1. 氧合肌红蛋白的恢复

氧合肌红蛋白主要存在于肌肉中。肌肉收缩时,肌肉中的氧合肌红蛋白能迅速解离释放氧并被利用,而在体育舞蹈练习之后,被分解掉的氧合肌红蛋白在几秒钟内即可得到完全恢复。

2. 磷酸原的恢复

磷酸原的恢复速度很快，在经过剧烈的体育舞蹈学练后，被消耗的磷酸原在 20～30 分钟内便可以合成一半。力竭性运动后 30 分钟，磷酸原恢复约为 70%。也就是说，在 10 分钟以全力运动的训练中，二次运动的间歇时间不能短于 30 分钟。

3. 肌糖原储备的恢复

肌糖原为肌肉的收缩提供能量，是有氧氧化系统和乳酸能系统的供能物质。运动强度和运动持续时间不同，肌糖原的恢复时间也不同。长时间参与体育舞蹈学练之后，就会导致肌糖原耗尽，用高糖膳食，46 小时就可以使肌体消耗的肌糖原完全恢复；而用高脂肪与蛋白质膳食 5 天，肌糖原恢复仍然很少。在短时间，高强度的间歇运动后，无论是食用普通膳食还是高糖膳食，肌糖原的完全恢复都需要 24 小时。

4. 乳酸的清除

在体育舞蹈的学练过程中，糖酵解会产生乳酸。乳酸绝大部分用于肝糖原合成被再利用，而一部分乳酸经血液循环，主要到达心肌、肝和肾脏作为糖异生作用的底物。在训练后恢复期，乳酸的清除速度受休息方式影响。散步、慢跑等活动对于乳酸清除速度的加快有帮助，从而对乳酸的清除也有一定的帮助，减轻肌肉的酸痛，促进疲劳的尽快恢复。通常情况下，活动性休息中血乳酸消除的半时反应为 11 分钟，恢复至安静时的水平约要 1 小时，而休息性恢复中乳酸消除的半时反应需 25 分钟，恢复至安静水平则需要 2 小时。

（三）体育舞蹈学练中疲劳恢复的措施与手段

体育舞蹈学练中，疲劳的产生原因是多方面的，因此，要想恢复疲劳，可以借助的方法和途径也是多方面的，其中，常见的有休息、运动疗法、睡眠、营养补充、理疗、心理调节、音乐疗法等,具体要根据实际需要进行选用,以期取得最佳的恢复效果。

1. 积极休息

积极休息的具体形式有两种,一种是静止性的休息,一种是活动性休息。

(1)静止性休息——睡眠

睡眠是公认的最好的静止性休息方式。其在运动疲劳的消除、技能的恢复方面所产生的效果是非常显著的。由于运动锻炼所导致的身体疲劳产生之后,要想尽快恢复身体机能,进行充分且质量高的睡眠是最为有效的措施之一。首先,在睡眠时间上,成年人每日要有7~9小时的睡眠。睡眠质量也至关重要,具体要求如下:

①睡眠要有规律,养成定时就寝与定时起床的习惯。

②睡眠不足时应在白天补足。午睡时间30~60分钟最适宜,可稍微补充一下睡眠。

③保证有足够的睡眠时间。睡眠时间应保证在8小时左右。

④优化睡眠环境。良好的睡眠环境能有效提升睡眠质量。主要涉及居室温度、湿度以及寝具的舒适程度。

(2)活动性休息

活动性休息,就是一些以放松为目的的积极性活动。通过活动性休息,能够取得的成效有以下几点:

①防止神志昏迷、眩晕及恶心。

②加速血液中乳酸的排泄。

③防止过剩换气。

2. 运动疗法

运动疗法是以运动学和神经生理学为基础,利用人体肌肉关节的运动,以达到防治疾病、促进身心功能恢复和发展的方法。它是康复医疗的重要措施之一。这里所说的运动疗法主要是指体育舞蹈学练之后的整理活动。

在日常生活中,通常会看到有人在跑步或者做其他剧烈运动之后,立马停住,这是非常危险的,因为这样血液会大量集中在下肢扩张的血管内,使静脉回心血量减少,因而心输出量下降,致使血压降低而造成暂时性脑贫血,会引起一系列不适感觉,甚至出现"重力性休克"。因此,在剧烈运动后进行整理活动是非常有必要的,因为这样不仅能够使心血管系统、呼吸系统仍保持在较高水平,而且对于乳酸的排除也有非常积极的促进作用。

3. 传统康复治疗

(1) 气功

气功是一种自我调节、自我控制的锻炼形式。气功练习在体育舞蹈运动疲劳的恢复方面所产生的作用为:第一,增强抵抗能力;第二,帮助"放松",消除紧张状态;第三,对大脑皮层起保护性抑制作用;第四,使骨骼肌放松,心跳减慢,耗氧量减少。

当前,气功经常被用到疲劳的恢复中,且形式多样,取得的效果也比较理想。

(2) 按摩

按摩,也被称为推拿,是恢复疲劳的常用方法,通过手法作用于人体的皮肤表面、肌肉、穴位,以调整人体的生理、病理状态,从而起到治病和保健的作用。

按摩对于身体健康有非常积极的促进作用:首先,能够疏通经络,使气血周流,保持机体的阴阳平衡;其次,能使肌肉放松,关节灵活;再次,能使人精神振奋,消除疲劳。推拿按摩的应用较为广泛,除了与其显著的功效有关之外,还与其特点密切相关,比如,经济简便,随时随地都可实施,而且平稳可靠,易学易用,无任何副作用。

运动按摩在运动疲劳消除和身体机能恢复方面所产生的作用是非常显著的,比如,其能够使局部或全身血液循环的状况得到改善,减轻肌肉酸痛和僵硬的症状,提高肌肉的收缩力,改善关节的灵活性等,有积极的促进作用。

(3)中医药疗法

中医药疗法在运动疲劳的消除和身体机能的恢复方面具有很好的辅助作用。具体来说,这一疗法的具体形式主要有汤剂内服、内服外洗、药剂熏洗。其中,内服中药消除运动疲劳的方法具体有两种:一种是服用复方中药,一种是服用单味中药,前者居多。从中医的角度上来说,用于消除运动疲劳和促进体力恢复的复方中药主要是以"补益"和"调理"为主要治则组方的。

4. 营养性疗法

运动疲劳的恢复还需要必要的营养补充,因为只有营养满足身体的消耗需求,才能保证疲劳的恢复是有效的。可以说,科学的营养补充是恢复的物质基础。通常来说,在运动疲劳产生之后,需要对糖、蛋白质、矿物质和维生素等进行科学且全面的补充。

5. 音乐疗法

在疲劳的消除方面,音乐所起到的作用是非常神奇的。音乐本身有舒缓压力、调节心情的显著作用,将其应用于运动疲劳的消除方面,所产生的效果也非常显著。其能够使人的中枢神经系统的疲劳得到有效缓解,呼吸、循环系统和肌肉的功能得到有效调节,同时,还能起到镇静、镇痛、改善注意力的显著作用。

6. 心理放松疗法

心理放松疗法,就是通过心理学各种理论、原则和技术的应用,来达到特殊治疗效果的特殊手段。在体育舞蹈学练结束之后,采用心理调整放松,能够降低神经精神的紧张程度,缓解心理的压抑状态,加快神经系统的恢复速度,从而进一步促进身体其他器官、系统机能的恢复。

除了上述几种消除疲劳,恢复身体机能的手段之外,理疗也是有效消除运动疲劳的手段之一,具体可以根据实际情况和需求,来针对性地选择吸氧、空气负离子吸入、沐浴、局部负压法、针灸、气功等方法。

第三节 体育舞蹈学练中常见伤病与处理

一、体育舞蹈学练中的伤病

(一)运动损伤与运动疾病

1. 运动损伤

运动损伤,即在运动过程中所发生的各种损伤的统称。按照不同的划分标准,可以将运动损伤分为不同的类型,具体可参考表7-1。

表7-1 运动损伤的类型划分

分类标准	常见损伤
损伤组织的种类	肌肉肌腱损伤
	滑囊损伤
	关节囊和韧带损伤
	骨折
	关节脱位
	内脏损伤
	脑震荡
	神经损伤等
损伤组织创口界面	开放性损伤
	闭合性损伤
运动能力丧失的程度	轻伤
	中伤
	重伤
损伤病程	急性损伤
	慢性损伤

2. 运动疾病

运动疾病,即运动者在参与运动过程中,因所选择的运动方式、方法不当或者过度运动而引起的疾病。

(二)体育舞蹈学练中伤病的产生

1. 体育舞蹈学练中运动损伤的产生原因

(1)思想重视不够

思想麻痹大意,不重视安全因素容易发生运动损伤。其中包括运动前没有对器械进行仔细检查、采取的预防措施不够有效、训练缺乏计划性等。

(2)准备活动不充分

准备活动没有做好,尤其没有做好针对性准备活动。

(3)没做好心理准备

运动情绪低下,做动作时僵硬、紧张、恐惧从而导致运动损伤发生。除此之外,有时运动者也会因缺乏运动经验、缺乏自我保护能力而致伤。

(4)运动负荷安排不够合理

运动负荷量和运动强度没有进行科学的设计,盲目训练,训练组织不力,进而导致运动损伤的发生。

(5)运动环境不佳

场地条件差、器材陈旧。运动者参与运动的环境较差,人群拥挤或多种项目掺杂在一起活动,容易发生意外而致伤。此外,光线暗淡,气温不适宜,也可能造成伤害事故。

(6)服装穿着不合体

运动者的服装穿着不合体也容易导致损伤的发生。

2. 体育舞蹈学练中运动疾病的产生原因

(1)已有疾病引起

研究发现,人体运动不足,就会导致一些疾病的产生,比如神

第七章 体育舞蹈安全防护技能培养

经衰弱、失眠、脊柱姿势性侧弯及驼背、腰部筋膜炎、腰肌劳损、习惯性便秘、消化不良、胃下垂、动脉硬化、高血压、低血压、冠心病等。这对于体育舞蹈运动来说也是如此。一般来说,当运动疾病发生后,运动者就会出现适应能力差、免疫功能低的状况,从而导致感染和诱发各种疾病的概率大大提升。

（2）运动方式方法不够科学

有些人在参与体育舞蹈运动时,由于运动方式和方法不得当,也会引起一系列运动疾病的发生。

（3）运动欠缺或者不足

缺乏运动或运动不足常常是直接或间接造成某些疾病的原因。在造成疾病之前,往往已经出现不同程度的生理功能下降或异常,最后导致某种或某些疾病的发生,甚至会危及生命。

二、体育舞蹈学练中常见运动损伤的处理

（一）擦伤

在体育舞蹈学练中,擦伤是经常出现的一种运动损伤,主要是由外力摩擦所致的皮肤出血或组织液渗出。

处理方法：

（1）面积较小的擦伤：可以用涂抹碘酒或者碘伏的方法来处理表皮擦伤,不需包扎。如果擦伤部位是关节及其附近,首先要进行局部消毒,然后涂以消炎软膏。

（2）面积较大的擦伤：首先要用生理盐水或 0.05% 的新洁尔灭溶液对擦伤的表面进行清洗,再局部消毒,最后用消毒凡士林纱布和敷料,并包扎。必要时,为了避免感染,可加服抗生素。

（二）挫伤

体育舞蹈都是在同一个场地中进行练习的,练习者相互之间的冲撞会导致挫伤的发生。挫伤后,通常会出现局部青紫,皮下

瘀血肿胀、疼痛的症状。

处理方法：

（1）单纯性挫伤：首先进行局部冷敷，然后外敷新伤药，加压包扎、抬高患肢。

（2）挫伤伴有肌肉、肌腱断裂：首先要包扎固定肢体，然后送医院治疗。

（3）头部、躯干挫伤伴有休克：首先要抗休克，在保温、止痛、止血、矫正休克后，立即送医院治疗。

（三）拉伤

拉伤，主要是因为外力对肌肉的过度拉长而导致的，这在体育舞蹈学练中也会发生。比如，运动前的准备活动不充分、动作不协调、训练方法不得当等都可能导致拉伤的发生。拉伤的症状主要为肿胀、压痛、肌肉痉挛等，严重者会出现肌肉断裂。

处理方法：

（1）轻度拉伤：立即对受伤部位进行冷敷，局部加压包扎，抬高患肢。24小时后可实施按摩或理疗进行辅助治疗。

（2）重度拉伤：病情严重者急救后，立即送医院治疗。

（四）腘绳肌拉伤

在体育舞蹈学练过程中，当练习者的肌肉在做猛烈收缩和被动牵拉时，就会导致拉伤的发生。通常情况下，大踢腿和屈体分腿跳是导致腘绳肌拉伤的主要原因。

处理方法：

（1）拉伤较轻：应立即给予冷敷，局部加压包扎，并抬高患肢，外敷中草药。

（2）肌肉大部分或者完全断裂：在加压包扎后立即去医院进行手术缝合。

第七章　体育舞蹈安全防护技能培养

（五）撕裂伤

在体育舞蹈的学练过程中，练习者由于皮肤受外力严重摩擦或碰撞，就会导致撕裂伤的产生，该损伤的症状主要为皮肤撕裂、出血。

处理方法：

（1）小面积皮肤撕裂伤：先消毒，消毒后以胶布黏合或用创可贴敷盖即可。

（2）大面积皮肤撕裂伤：需止血缝合和包扎。必要时可用破伤风抗生素肌内注射。

（六）关节脱位

在体育舞蹈学练过程中，关节往往会因为外力作用而失去正常的连接关系，这就是我们平时所说的脱臼，也就是关节脱位。主要症状为：剧烈疼痛，关节周围出现显著肿胀，关节功能丧失，严重者还会出现肌肉痉挛、休克的情况。

处理方法：

（1）损伤发生后，切不可随意做复位动作，以免加重伤情。

（2）用夹板或三角巾固定伤肢，并尽快送医院治疗。

（七）肌肉痉挛

肌肉痉挛，俗称抽筋，是肌肉持续不自主的强直收缩。这在体育舞蹈学练中也时有发生，尤其是在加大练习难度的时候。

处理方法：

（1）缓慢而持续地牵拉痉挛肌肉，使之放松并拉长。

（2）持续强直收缩后可以进行适当的按摩，以促使痉挛的解除。

（八）胫腓骨疲劳性骨膜炎

在体育舞蹈的学练过程中，由于剧烈运动，往往会使大腿屈肌群不断收缩,而过度牵扯其胫腓骨的附着部分,致使骨膜松弛,骨膜下出血,产生肿胀、疼痛等炎症反应,导致胫腓骨疲劳性骨膜炎的发生。主要症状为:骨膜松弛,骨膜下出血,并产生肿胀、疼痛等。

处理方法:

(1)要注意足尖跑、跳的运动量,尽可能降低下肢的负担,运动量要减少。

(2)可视损伤情况适当进行局部按摩。伤势严重者,立即就医。

(九)关节扭伤

在体育舞蹈学练过程中,往往会因为关节的异常扭转而导致关节扭伤的发生。肘关节、肩关节、膝关节和踝关节都会有扭伤的情况发生。具体指关节发生异常扭转,并导致关节囊、关节周围韧带和关节附近的其他组织结构损伤。

处理方法:

(1)急救:首先要对韧带进行检查,看其是否有撕裂的情况,关节的功能是否正常。采取的主要措施为冷敷、加压包扎或固定关节,并外敷活血止痛的药物。伤情严重需立即送医院诊治。

(2)肘关节扭伤:首先,要进行局部冷敷,并加压包扎,外敷新伤药。24小时之后,可进行理疗、按摩,外敷中药。

(3)膝关节扭伤:首先,要通过仔细检查来将受伤的确切部位和受伤的程度确定下来。其次,损伤发生之后,应立即用氯乙烷镇痛喷雾剂等进行冷敷。通常会采用棉垫或橡皮海绵加弹力绷带压迫包扎,抬高患肢,以保护受伤部位不加重损伤。24小时后可打开包扎,若出血已停止,可进行中药外敷、理疗、按摩等。凡韧带发生断裂或半月板严重损伤时应尽快送医院进行手术治疗。

(4)踝关节扭伤:立即用拇指压迫痛点,即韧带损伤处止血,同时进一步检查并确认韧带是否断裂。如果是较轻的或少部分断裂的韧带损伤,可用粘带支持固定,并以弹力绷带包扎。

（十）腰部扭伤

腰部扭伤是腰部软组织的损伤,也被称为"闪腰"。腰部扭伤的具体情况比较多样,比如,肌肉轻度扭伤、肌痉挛引起脊柱生理曲线改变、棘上韧带与棘间韧带扭伤、筋膜破裂、小关节交锁等。因此,在体育舞蹈学练过程中,一定要注意腰部的保护。

处理方法:

（1）休息。可以在垫子或木板床上进行休息,休息的姿势以仰卧位为好,在腰部垫一薄枕,使腰部得到有效放松。通常一周左右的休息就能使腰部扭伤的情况得到恢复。

（2）按摩。主要对人中、扭伤、肾俞、大肠俞、委中等穴进行按摩。手法强度根据不同病人的感受而定。

（十一）韧带损伤

体育舞蹈学练中,韧带损伤的情况也会发生,主要是由于用力过大、过度牵伸而导致不同程度的韧带纤维附着处的断裂。

处理方法:

（1）轻度韧带损伤:首先要止痛与加快消肿。进行局部冷敷、加压包扎、抬高伤肢,24～48小时后对受伤部位周围进行热敷或按摩。

（2）中度韧带损伤:一定要保证受伤部位的制动,使韧带处在避免牵拉的位置。一般早期手术修补者经过6～8周才能完成良好的愈合。

（3）重度韧带损伤:应在损伤早期通过手术将韧带断端良好对合,以确保其愈合。

（十二）腱鞘炎

在体育舞蹈学练过程中,练习者肌腱和腱鞘间长期、快速、用力的摩擦,会使两者发生损伤和水肿,由此引起的炎症,就是腱鞘炎。腱鞘炎起病缓慢,最开始的症状为:早晨起床时,手腕部位发僵、疼痛,活动开以后症状逐渐消失;严重者会有持续的疼痛,并伴有弹响或闭锁,按压患处有明显的疼痛。

处理方法:

(1)损伤的初期,腕关节要注意休息,采用制动、理疗的方式直到症状消失,避免转变为慢性腱鞘炎。疼痛剧烈并伴有肿胀时,可用冰块冷敷或外敷伤药消肿止痛。

(2)急性腱鞘炎首先应制动,接着采用中药热敷,并配合按摩;慢性腱鞘炎痛点局限,用强的松龙鞘内注射。

(3)急性期过后伤处外敷腱鞘炎散,也可采用热敷或中药熏洗,每日1~2次。在热敷或熏洗的同时做关节伸展运动,并配合按摩。

三、体育舞蹈学练中常见运动疾病的处理

(一)过度紧张

在体育舞蹈的学练过程中,练习者往往会因为训练水平不高、生理机能状态不佳等各种原因导致过度紧张。

处理方法:

(1)轻度过度紧张:可以采取仰卧的姿势,在垫子上或者床上进行休息,保持安静状态,短时间就能恢复。

(2)脑缺血时,患者要以平卧位进行休息,头稍低,可以给以热糖水或镇静剂,这对于疲劳的恢复有促进作用。

(3)严重心功能不全的患者,要保持安静状态,并且使其保持平卧位,指掐"内关"和"足三里穴"。如果昏迷,可以通过指掐"人中穴"的方式帮助其苏醒。

(4)呼吸困难或心跳停止者,要通过人工呼吸的方式进行救治,然后立即去医院进行进一步的治疗。

(二)过度疲劳

练习者在体育舞蹈的练习过程中,因练习不当、疲劳的连续

积累导致机体出现功能紊乱或病理状态,就是过度疲劳。过度疲劳发生后,练习者的各个系统功能都会有所反应。

处理方法:

(1)注意休息、睡眠,2~3周以后即可恢复正常。过度疲劳发展到中、后期,应停止运动。

(2)做好营养的补充工作,同时根据病情施以药物进行治疗,多吃新鲜蔬菜和水果,也可以有效补充VC、VB_1、VB_6、VB_{12}、葡萄糖、ATP等。

(3)从事一些相关的康复性医疗活动,效果较为理想的有太极拳、气功、温水浴、按摩等。

(三)肌肉酸痛

在体育舞蹈学练过程中,如果运动量过大,就会导致肌肉酸痛的产生。这种酸痛在运动结束后1~2天才会出现,因此也被称为延迟性疼痛。

处理方法:

(1)可以针对酸痛局部进行静力牵引,拉伸状态要保持至少2分钟,然后休息1分钟,按照这一方法重复练习。

(2)针对酸痛局部肌肉进行热敷,也可以根据实际情况进行适当按摩。

(3)口服维生素C,补充微量元素。

(四)低血糖症

在剧烈耐力性运动中或运动结束后,通常会有低血糖症出现。血糖低于55毫克/100毫升,就是低血糖症;低于10毫克/100毫升,就是低血糖性休克,会出现深度昏迷。

处理方法:

(1)使患者保持平卧的姿势,并且做好保暖工作。

(2)如果症状较轻,可以通过饮浓糖水或吃少量食品的方法进行处理,通常在短时间内即可恢复。

（3）可静脉注射50%葡萄糖40～100毫升。

（4）如果症状严重,出现昏迷不醒的情况,可针刺人中、百会、涌泉、合谷等穴,并及时送医治疗。

（五）运动性高血压

在体育舞蹈学练过程中,运动过度和过度紧张是导致运动性高血压的主要原因。主要症状为:头痛、头昏眼花、失眠、记忆力减退、注意力不集中、烦闷、乏力、心悸、眩晕、肢体麻木。

处理方法:

（1）一般处理:调整运动负荷量,避免剧烈运动;生活要有规律,劳逸结合。

（2）采用推拿按摩、针灸、中医等方法进行处理。

（六）运动性月经失调

这一运动疾病主要是针对女性练习者来说的,在体育舞蹈学练中也会时有发生。主要包括运动性痛经和运动性闭经两种形式。

处理方法:

（1）一般处理:经期注意降低运动量或者停止练习;必要时可用氨甲苯酸或酚磺乙胺等止血剂;如果出现难以控制的出血,可服用避孕药。

（2）推拿按摩和针灸治疗效果也较为理想。

（七）中暑

如果长期在高温环境中进行体育舞蹈学练,那么中暑的概率就会加大。通常会出现身体发热、四肢乏力、头晕脑涨、恶心呕吐、胸闷等情况,严重者会出现头痛剧烈、昏厥、昏迷、痉挛等。

处理方法:

（1）轻度中暑:将患者置于阴凉通风处,解开衣领,并给予解暑药物。

（2）病情较重:立即将患者置于阴凉处,使其平卧,如果出现痉挛,可给以含糖、盐饮料,并四肢作重推摩、按摩,头部进行冷敷;出现高热的症状,则应采取立即降温的措施。

(3)昏迷者,可针刺人中、涌泉等穴,并立即送往医院治疗。

(八)冻伤

如果长时间在寒冷的环境中进行体育舞蹈学练,会导致冻伤的情况发生。

处理方法:

(1)第1度冻伤:迅速放在38℃~40℃的温水复温。复温后,局部涂冻疮膏。

(2)第2度冻伤:小水泡不要弄破;较大的水泡,在局部消毒后用针头刺破,然后包扎。如果出现溃烂的情况,可涂紫药水或消炎软膏后再包扎。

(3)第3度冻伤:及时去医院接受治疗。

(九)休克

这是一种较为严重的运动疾病,体育舞蹈学练过程中要加以注意。休克时,会有精神萎靡不振、面色苍白、口渴、畏寒、头晕、四肢发冷,血压和体温下降等症状。严重者昏迷。

处理方法:

(1)将患者置于床上,并使其保持安静平卧,做好保暖工作。服热开水及饮料,可以通过针刺或点人中、足三里、合谷等穴加以有效刺激。

(2)如果休克是由骨折等外伤的剧痛而导致的,那就需要给以镇痛剂止痛。

(3)急救,并立即送医院救治。

(十)昏厥

在体育舞蹈学练过程中,脑部供血供氧不足会导致昏厥发生。昏厥前,病人会出现面色发白、头昏眼花、全身软弱无力的症状。

处理方法：

（1）平卧，头部稍低，松解衣领，做好保暖工作。用毛巾擦脸，同时进行重推摩和揉捏，位置为小腿到大腿。

（2）如果病人仍然处于昏厥状态，则用指尖掐点人中穴给以有效刺激。

（3）任何饮料或药物都不能给。条件允许，可以给氧气和在静脉注射25%～50%葡萄糖40～60毫升。

（4）如已经停止呼吸，则要立即采用人工呼吸的急救方法，苏醒后给以热饮料，保证其充分休息。

（5）急救同时联系专业医生前来救治。

第四节 特殊人群参与体育舞蹈的安全指导

一、儿童参与体育舞蹈的安全指导

（一）儿童身心发展特点

1. 儿童身体发展特点

儿童时期，正是形态机能发育的稳定增长的阶段。其在身体发展方面所表现出的特点有以下几点：

（1）骨骼发育特点

骨骼弹性大而硬度小，柔韧性较好，在发生骨折方面的概率较小，但是，弯曲变形的概率则比较大，这是在参与体育舞蹈过程中要重点关注的。

（2）关节发育特点

关节面软骨较厚，关节囊较薄，关节内外的韧带较薄而且松弛，关节周围的肌肉较细长，在儿童时期发展其关节的灵活性与柔韧性都会取得理想的成效，但是在运动过程中，一定要重点关注的是,关节的牢固性较差,往往会发生脱位的情况。

(3)肌肉发育特点

儿童肌肉中含水量较高,蛋白质、脂肪以及无机盐类较少,肌肉细嫩。这就决定了其在收缩能力、耐力方面要差于成年人,因而比较容易疲劳,但是,其在恢复速度上是优于成年人的。

(4)其他发育特点

身高的发育要比体重的发育速度快,在体形上通常为细长型。

神经系统发育已经基本趋于成熟,在从事各种复杂运动方面,已经具备了良好的身体能力,智力水平也有所发展和提高。

2. 儿童心理发展特点

儿童的形象思维开始逐渐向逻辑思维发展和转变,并且随着知识的不断丰富,其思考的目的性、独立性和灵活性也有大幅提升。

(二)儿童在体育舞蹈锻炼中的安全防护

儿童在参与体育舞蹈的锻炼中,往往会出现一些安全方面的问题,这是因为儿童自身的安全意识欠缺或者较为薄弱,再加上教师安全管理工作做得不到位,往往就会导致安全事故的发生。鉴于此,就需要通过积极的教育,来引导儿童建立良好的安全意识,提高其保护自身的能力。具体可以从以下三个方面着手:

1. 帮助儿童建立良好的安全意识

任何运动都存在着安全隐患,因此,时刻具有安全意识是非常重要的。儿童对于新事物具有非常强烈的探索精神,但本身在安全方面的意识却非常欠缺或者较为薄弱,这是导致事故发生的主要原因,这就需要通过家长、教师的口头教育,或者通过安全相关的动画片、多媒体、图画等形式,来让儿童更好地了解安全事故的发生以及会造成的后果,让他们在主观上逐渐建立起良好的安全意识,从而大大降低安全事故的发生概率。

2. 培养幼儿的自我保护能力

儿童之间,不管是在教育因素、生活经验还是思维特点方面,差异性还是比较大的。在体育舞蹈练习过程中,教师要开展儿童安全教育,对安全概念认知教育加以重视,使儿童尽可能避免有可能导致事故的行为,这样能够促使儿童更加有效地应对危险情境,面对危险情境能够做出安全行为反应,有效规避风险。

3. 实现物质环境建设与精神环境创设有效结合

对于儿童体育舞蹈的开展来说,创设更加安全的物质环境以及良好的精神环境都是非常重要的,与此同时,还要构建教师和儿童之间的平等和谐关系,促使儿童在参与体育舞蹈锻炼的过程中能够保持情绪稳定与心情愉快。

二、老年人参与体育舞蹈的安全指导

(一)老年人身心发展特点

1. 老年人的身体发展特点

老年人的身体机能已经呈现出逐渐衰退的趋势,主要表现为肢体活动不便、行动缓慢、不爱活动等,与此同时,身体的新陈代谢能力逐渐减弱,血液循环的速度减慢,肌肉的紧致程度下降,出现松弛,胃肠蠕动与吸收减弱,呼吸表浅,适应能力和抵抗能力也会有较大程度的减退,患病率逐渐上升,正常生活会因此受到影响。

另外,随着年龄的不断增大,老年人的各项身体机能和运动能力都会大幅度下降,就会导致体质变弱、肥胖和糖尿病等症状出现,与此同时,反应迟缓、智力下降、运动困难、易疲劳等情况也会相继发生。

2. 老年人的心理发展特点

老年人由于从原来的工作岗位退下来,从社会发展的中坚力量变成在家赋闲的退休人员,社会角色发生了重大转变,再加上其身体发展以及家庭成员生活环境的巨大变化,导致其心理上会产生失落感、孤独感、寂寞感、无用感,以及机能衰退后出现的恐惧感、紧张感等变化。

(二)老年人在体育舞蹈锻炼中的安全防护

当前,老年人生活中缺乏沟通和交流,休闲运动方面的质量有待于改善提高,再加上老年人对自身健康有着非常强烈的追求,良好的休闲运动成为他们的重要选择。而体育舞蹈则能够充分满足这些要求,是老年人运动锻炼的最佳选择。在体育舞蹈锻炼过程中,老年人的运动健康及安全防护问题,是一个非常复杂的系统工程,要给予重点关注。

1. 要遵循健康运动的原则

进入老年的行列,在从事体育运动时,一定要做到"适可而止""不宜过度"。具体来说,老年人在个人特点、身体状态等方面都是有所差别的,因此,在运动时间、运动强度和运动量方面,都会因人而异。具体来说,老年人在体育舞蹈锻炼过程中在健康安全方面应遵循的原则有以下几点:

(1)渐进性原则。首先,体育舞蹈的不同舞种,在运动特点和运动强度上是不同的,老年人可以先选择那些运动量小、动作简单的舞种进行练习,然后逐渐向运动量大、动作复杂的舞种练习过渡。在锻炼的时间上,也应是由短到长逐渐增加的。

(2)持久性原则。体育舞蹈是适合老年人的运动项目,但是,锻炼时间过长,也会对老年人的身体造成疲劳甚至是损伤,这就需要老年人在遵循渐进性原则的同时,也遵循持久性原则,持之以恒、坚持到底。

2. 身体活动的速度和力量要适宜

体育舞蹈本身的节奏感简单、锻炼动作速度缓慢，比较适合老年人。但是，在锻炼过程中，也要对体育舞蹈中那些用力过猛、力量负荷较重及快速的、变化多的动作，加以注意。如身体骤然前倾、后仰、甩头、低头、旋转等动作，尤其是腰部以及上肢肌力锻炼，更要注意。

3. 身体锻炼时呼吸要自然顺畅

要正确发展腹式呼吸，在体育舞蹈的锻炼过程中，要尽可能避免憋气和过分使劲的情况。

4. 自我监督是老年人应有的运动健身安全常识

老年人参加体育舞蹈锻炼应加强自我监督。具体来说，在参与体育舞蹈锻炼之前，要对身体和健康情况进行检查，根据体检后的结果，选择适合自己的运动量和强度。在体育舞蹈的锻炼过程中，如果发现稍一运动就心慌气短，心情烦躁不安，容易疲劳，恢复又慢，难入睡且睡不实，运动量不大但身体却有明显消瘦下去等现象，则要及时去医院进行进一步的检查。

三、残障人群参与体育舞蹈的安全指导

（一）残障人群运动锻炼特点

1. 锻炼形式的特殊性

残障人本身存在着一定的缺陷，因此，他们在参与运动锻炼时，有的要借助特殊的器材，有的需要别人的辅助才能顺利参与运动锻炼。这就要求社会提供各种相应的服务和帮助，吸引和帮助残障人健身者参与到体育舞蹈中，将文明社会对残障人士的人文关怀充分展现出来。

第七章 体育舞蹈安全防护技能培养

2. 运动锻炼的基础性

残障人本身的身心疾患也就决定了他们参与体育舞蹈的目的,一个是愉悦身心,一个是康复。这就要求以残障人的特点为依据,选择相应的舞种,并且可以在运动形式上有所创新和改变,从而满足残障人群的实际特点和需求。

(二)残障人群参与体育舞蹈锻炼的意义

1. 有助于超越自我、自强不息境界的达成

残障人参与到体育舞蹈活动中,是残障人实现自我价值,体验竞争、参与、民主、平等、权利、义务和责任的重要形式,也是满足他们需求的重要方式。体育舞蹈的锻炼,能对残障人的意志和能力有较大的考验和超越。这种超越,在生理上,主要是指对残缺所带来的各种困难的超越;在心理上,则是指对人生更深刻的感悟和世界观的升华。

2. 有助于生活的和谐与发展

残障人参加体育舞蹈运动,这本身就将健全人与残障人的和谐体现了出来。残障人群参与到体育舞蹈的运动锻炼中,对于健全人和残障人之间互相理解、互相关爱的人际关系模式的建立是有帮助的。人与自然的和谐是包括残障人在内的全人类的共同理想。残障人同样要担负起维护人类家园的责任。

3. 有助于生命和社会物质文化成果的共享

残障人参与到体育舞蹈的运动锻炼中,能与健全人一道,共享我国改革开放带来的社会物质和体育文化成果,真正体现"平等、参与、共享",共享奋斗,共享成功。奋斗展示了精神,成功显示了价值,而生命在奋斗和成功中闪光。

（三）残障人在体育舞蹈锻炼中的安全防护

（1）残障人群参与到体育舞蹈锻炼中，不仅能增进身体健康，还能促进心情愉快，增强生活的信心，增添生活的乐趣，促进人际交往等。同时体育舞蹈是一项相对比较安全的运动。

（2）要以残疾人的身心状况为依据，从实际出发，开展相应的体育舞蹈运动锻炼，从而促进他们的健康发展。因此，应分析残疾人的具体情况，选择与他们的身体条件相符的舞种进行锻炼，在运动负荷方面也要注意适宜性，并加强医务监督，从而保证在取得理想的锻炼效果的同时，也保证自身的安全。

（3）残障人群参与的体育舞蹈锻炼，不仅要全面促进身体素质的改善，还要有助于自身的康复，这也是保证安全的一个重要举措。

（4）鼓励残障人积极参与到体育舞蹈的运动锻炼中，并且一定要在锻炼过程中，尽可能提供各种服务和安全、便利、无障碍的场地设施，从而尽可能保障残障人群在体育舞蹈锻炼中各种伤害事故的有效避免。

四、肥胖人群参与体育舞蹈的安全指导

（一）肥胖的危害及产生

1. 肥胖的危害

肥胖，往往会诱发各种疾病，比如，糖尿病、心肌梗死、脂肪肝、冠心病、高血压、中风、呼吸功能不全、骨关节炎等，除此之外，还有可能加大外科手术的危险性，使运动能力下降，导致妇科疾病发生等。除了生理方面的危害，也会使心理上发生一定的病变，对于人体的整体健康是不利的。

2. 肥胖的产生

肥胖产生的原因和相关影响因素有以下几点：

（1）遗传和内分泌代谢异常，体重调节机制紊乱。

（2）脂肪摄入过量。

（3）精神紊乱及体内生物化学因素影响。

（4）吃得好，运动少，贪睡。

（5）饮食方法错误，进食速度过快，咀嚼次数太少。

（6）脊背褐色脂肪细胞机能衰退。

（7）血液中缺少三磷酸腺苷酶。

（8）高胆固醇摄入。

（9）食糖过多。

（二）肥胖人群在体育舞蹈锻炼中的安全防护

1. 肥胖人群参与体育舞蹈锻炼的时间和频率

对于肥胖人群来说，每次参与体育舞蹈运动的持续时间为30～60分钟（每次活动能量消耗为300千卡左右），运动频率为每周不少于3次，或者早晚各锻炼一次。如果能够坚持每天都进行体育舞蹈锻炼，那么，一定能取得理想的减肥效果。

肥胖人群参与体育舞蹈锻炼，在不同的时间段所取得的减肥效果也是有所差别的。通常来说，以下三个时段减肥效果最佳。

（1）每天下午16点至晚上21点，即16～21时运动为宜，19～20时最佳。

（2）晚餐前2小时，即每天的16～18时锻炼最佳。

（3）早饭前锻炼也是合适的时段。

2. 肥胖人群参与体育舞蹈的运动强度及监控

通常情况下，运动的强度会以运动中的心率来进行表示，具体来说，就是通过对10秒钟的脉搏进行准确测量，然后乘以6，就得到了运动中的每分钟心率。在体育舞蹈这一有氧运动中,减肥运动的强度应为最大吸氧量(VO_2max)的50%~70%或最大靶心率的60%~70%(青少年可达75%),这样才能取得最佳的燃脂效果。

第八章 体育舞蹈活动的组织和审美能力培养

体育舞蹈赛事的顺利举办离不开必要的组织机构,如体育舞蹈表演活动、体育舞蹈比赛等必须要在一定的组委会组织下才能顺利进行。由此可见体育舞蹈组织机构的重要性。另外,要想更好地观赏体育舞蹈赛事,提高观赛水平,还需要在平时学习与掌握体育舞蹈比赛的相关知识,不断提高自己的审美能力。本章就重点对以上两项内容展开具体的研究与分析。

第一节 体育舞蹈表演活动的组织

一、体育舞蹈舞会的组织

(一)准备工作

体育舞蹈舞会的准备工作是不可少的,这是保证舞会顺利进行的重要保障。一般情况下,组织舞会需要做好以下准备工作:

1. 布置场地

提前布置好舞会的场地对于舞会活动的顺利进行具有重要的意义。通常情况下,要根据舞会参与人员的多少来确定场地,要在场地周围布置足够多的桌椅,做好预留。

要注意饮食方面的需求,舞场内备有数量充足的洗手间。舞池地面以石质地面或木制地板为主,不能太滑,要有相关的保洁人员进行清理。

2. 灯光

舞会一般是在晚上进行的,因此在灯光的选择上要有所讲究,不能太明,也不能太暗,尽可能地选择以柔光为主的灯光,这样能获得理想的气氛。

3. 音乐

体育舞蹈都是在一定的音乐伴奏下进行的,舞会上选择的音乐也至关重要。通常来说,体育舞蹈所有舞种的专用音乐主要有三步类(慢、中、快)、四步类(慢、中、快)、拉丁类(恰恰舞、伦巴舞、撒撒、摇滚、吉特巴等)及其他专用音乐等。音量的大小也要掌握好,要确保能覆盖到整个舞池。

4. 资格

对于大型的舞会首先要向公安部门和消防部门申报,申报的内容要记录详实,如参与人数、消防工具及应急措施等事宜,在经过相关部门的核实准许后才能举办。

需要注意的是,有些舞会有明火烹饪,因此要格外重视消防安全问题,安全措施要做到位。

(二)组织工作

1. 主持人

体育舞蹈舞会少不了主持人,主持人可以说是整个舞会的轴心人物,在主持人的操持下整个舞会得以顺利有序地进行。总的来看,主持人的工作主要包括:舞会致辞、介绍嘉宾、提示舞种或舞曲等内容。

除此之外,舞会上选择的舞种要富有变化,不能连续重复。在国际舞会上,通常每隔5首舞曲,主持人会宣布:"下一曲,女士邀请男士。"这是尊重女士的表现。这也能看出这一项运动的优雅。

2. 花絮

通常在舞会休息时间，组织者还会安排一些互动活动，如抽奖、游戏等环节。安排这些活动的目的在于活跃气氛。

二、体育舞蹈教学活动的组织

（一）大、中型体育舞蹈教学培训活动的组织

通常情况下，在体育舞蹈教学培训前至少两个月，上级部门要将培训通知下发给下级部门，下级部门再将通知下发给各分支单位。现在主要采取网络的形式下发通知。

1. 培训通知

上级部门在确定并下发培训通知前要做好充分的调查，要充分考虑教室条件、饮食住宿、交通情况等。总的来看，发布的培训通知主要包含以下内容：

（1）培训单位名称、培训时间、培训地点。
（2）培训教师的基本情况介绍。
（3）培训课的内容及安排。
（4）培训费缴纳情况。
（5）注意事项。

2. 服务

通常来说，一个完善的培训班除了要包括授课教师和学生外，还要有一部分服务人员，服务人员的多少要视实际情况而定。通常情况下，安排 6~8 个学时的培训课，要保证培训教师能得到充分的休息，这样才有足够的精力进行讲学。

在饮食服务方面，培训班所提供的饮食要以卫生、清淡为主，保障培训教师的饮食安全，从而保证体育舞蹈培训活动的顺利进行。

除此之外,培训班还要为学员提供周到的服务。服务过程中要体现以人为本的基本理念,促使每一名学员都能获得进步与发展。

(二)小型体育舞蹈教学活动的组织

小课教学是体育舞蹈教学活动的一大特点,体育舞蹈教师在上课之前要做好充分的准备,除了做好备课工作外,还要向学生传递授课场地、授课时间等信息,让学生充分了解本次课的教学任务与要求。一般来说,小课教学最好保持在4个学时,这样才有利于体育舞蹈教师展开教学活动,有利于教学目标的实现。

体育舞蹈教师除了要做好备课工作外,还要充分了解学生的一切信息,如学生的身体状况、情绪状态、学习态度、运动基础等方面的信息,这样才能展开有针对性的教学。

一般来说,小课教学的费用都比较高,授课教师要根据学员的基本情况设计与安排授课的内容与形式,体现因材施教的教学要求。在授课时,教师要充分利用多元化的教学方法展开教学,要密切观察每一名学生的学习态度与学习状态,在学生出现错误时及时纠正。根据具体的教学实际合理地调整教学内容与方法,以学生为中心,建立融洽的师生关系,营造良好的课堂氛围,这样才有利于体育舞蹈教学活动的顺利进行。

(三)儿童、青少年体育舞蹈教学活动的组织

20世纪80年代中期,体育舞蹈传入中国。最初这一项运动并不受重视,参与这项运动的人非常少,那时也只是成年人参与,很少有其他年龄阶段的人参与。进入20世纪90年代,各年龄段参与体育舞蹈的人不断涌现出来,在这样的背景下,体育舞蹈也逐渐进入低年龄段人群。发展到现在,儿童、青少年已成为我国体育舞蹈运动发展中的主力军。因此,今后一定要非常重视儿童、青少年体育舞蹈活动的开展。

1. 儿童、青少年体育舞蹈教学活动的形式

一般来说,儿童、青少年的体育舞蹈教学活动主要有专业教

第八章　体育舞蹈活动的组织和审美能力培养

学与业余教学两种形式。

（1）专业教学

专业教学是指学生在学校中学习文化课和参加体育舞蹈专业课训练的教学活动。在我国的公立学校和私立学校中都有体育舞蹈这门课程，为爱好体育舞蹈的广大学生提供了多样化的选择。

（2）业余教学

业余教学是指学员在课余时间或闲暇时间参加体育舞蹈教学活动的一种形式。开展业余教学活动的机构也分为公立和私立两种。在这些机构中都能学到体育舞蹈知识与技能。

2.儿童、青少年体育舞蹈教学方案

在儿童青少年体育舞蹈教学中，关于教学内容与比例的安排见表8-1。

表8-1　儿童、青少年体育舞蹈教学

教学内容	不同年龄阶段体育舞蹈教学内容占比					
	5～6岁	7～8岁	9～10岁	11～14岁	15～18岁
	内容比例（%）	内容比例（%）	内容比例（%）	内容比例（%）	内容比例（%）
舞蹈动作	30				
舞蹈基本功	50	40	30	30	20
体育舞蹈基本功	20	40	30	30	20
体育舞蹈铜牌指定动作		20	30		
体育舞蹈银牌指定动作				30	60
体育舞蹈金牌指定动作			10		
体育舞蹈自选竞技组合				10	
合计（%）	100	100	100	100	100

(四)健身场所体育舞蹈教学活动的组织

随着现代社会的不断发展,人们追求健康的愿望越来越迫切,在业余时间或节假日期间到健身场所锻炼的人越来越多,这就为体育舞蹈专业健身场所的发展奠定了良好的群众基础。随着全民健身运动的广泛开展,广大的健身爱好者的追求日益广泛,以往的单一的健身操锻炼已很难满足他们的需求,更加多元化的体育舞蹈就受到他们的追捧。体育舞蹈可谓拥有了广阔的发展空间。

1. 健身场所体育舞蹈教学的主要内容

我国有很多健身场所都开设有体育舞蹈课程,深受广大健身爱好者的欢迎和喜爱。

(1)拉丁健身操

拉丁健身操的内容非常丰富,同时在运动中的形式也比较灵活,伴随着音乐节奏,能带给健身者愉悦的心理享受,因此吸引着越来越多的人参与。拉丁健身操中的动作具有综合性的特点,它主要吸收了恰恰舞与桑巴舞等舞种的各种动作,体现出这几个舞种的动作特征。因此,参与者首先就要学习和了解体育舞蹈的基本动作,这样才能获得良好的学习效果。

(2)拉丁舞单人舞蹈

人们在学习拉丁健身操一段时间后,就有了学习拉丁舞的需求,迫切希望学习与掌握拉丁舞的各种技术动作。其中,拉丁舞的基本舞步、单人独舞动作和女子舞步等是最为主要的内容,对习练者的学习要求较高。

(3)拉丁舞双人舞蹈

拉丁舞双人舞蹈主要有标准舞、双人舞步等两种形式。这两种形式的舞蹈都能给参与者带来良好的体验和感受,因此深受社交爱好者的欢迎。

相对于标准舞而言,双人舞蹈的技术含量更高,其中有很多

第八章　体育舞蹈活动的组织和审美能力培养

高难度的动作,学习起来比较困难,在一般的健身场所中,主要以健身为主,并不强调这些高难度动作的学习。

2. 注意事项

(1)内容与教法

在拉丁健身操教学中,教学内容比较简单,通过简单动作的重复练习,能取得理想的教学效果。在具体的教学过程中,教师要注意讲解的时机和方法,少讲多练,帮助学生掌握各个技术动作。运动负荷的安排要结合每一名学员的具体实际进行。

(2)音乐的选择

选择的音乐要符合拉丁健身操的风格,要能激发学员学习的热情,主要以富有动感活力的音乐为主。

(3)注意技巧性

拉丁舞单人舞蹈的教学并不强调动作的高难度,主要以健身为目标,注重学员全身素质的培养,如身体灵敏素质与协调能力的培养等。

在具体的教学过程中,教师还要重视学员的学习态度,培养学员积极主动学习的意识和习惯,可根据学员的情绪适当调整运动负荷,切忌打击学员学习与锻炼的积极性。

另外,教师还要注意舞蹈教学内容的扩充,不断提高学员学习的兴趣,从而实现健身的目的和效果。

三、体育舞蹈表演活动的组织

(一)体育舞蹈表演活动的组织形式

体育舞蹈表演活动对人们有着较强的吸引力,它具有丰富的内容和多样的形式,观赏性非常之高,深受体育舞蹈爱好者的喜爱。一般来说,体育舞蹈表演活动的形式主要有宴请、庆典、公益活动、舞台剧目、竞赛穿插等几种。

（二）不同类型体育舞蹈表演活动的组织要点和注意事项

1. 庆典、宴请或公益活动的表演

（1）组织要点

对于组织者而言，要组织体育舞蹈表演活动，首先就要确定表演形式，充分了解参与者对表演活动的期望与要求，预先制订好体育舞蹈活动计划。

（2）注意事项

第一，体育舞蹈表演活动中的动作以简单为主，要注重服装和音乐的选择，这样能给观众带来强烈的视觉体验。

第二，体育舞蹈表演活动的内容要积极健康，贴近大众生活。

第三，体育舞蹈表演活动的动作难度不宜太大，主要强调健身性。

第四，体育舞蹈表演动作要新颖，富有感染力。

第五，体育舞蹈表演活动要营造良好的意境。

2. 舞台剧目类的表演

（1）组织要点

提前策划好表演活动计划，从编排到排练需要经历复杂的过程，参与人员也非常多，因此一定要提前规划好。

（2）注意事项

音乐的选择要合适，除了专业舞曲外，还可以选择与表演活动氛围相符的其他音乐，音乐的选择主要以活跃气氛为主。

3. 竞赛穿插类的表演

（1）组织要点

事先确定表演人选，明确表演各项事宜，如表演形式、活动时间、活动地点等，这些内容都要与表演者共同协商而定。

第八章　体育舞蹈活动的组织和审美能力培养

（2）注意事项

在开展体育舞蹈表演活动前,要确定表演的具体情况,如表演场次、表演报酬、舞蹈表演时间等。此外,组织者还要充分了解表演者的信息,做好相关的宣传工作。

第二节　体育舞蹈赛事活动的组织

一、国内外常见的体育舞蹈赛事

（一）国际比赛

常见的体育舞蹈国际比赛及各赛事的组别设置见表8-2。

表8-2　国际体育舞蹈比赛及组别设置

主要赛事	组别设置
世界冠军赛	摩登舞
	拉丁舞
	队列舞
	十项舞
	年长组冠军赛
洲际冠军赛	摩登舞
	拉丁舞
	队列舞
	十项舞
次洲际冠军赛	摩登舞
	拉丁舞
世界杯赛	摩登舞
	拉丁舞
	十项舞

续表

主要赛事	组别设置
洲际杯赛	摩登舞
	拉丁舞
	十项舞
国际队列舞比赛	摩登舞五项
	拉丁舞五项

(二)国内比赛

我国主要的体育舞蹈比赛有以下几种：
（1）全国锦标赛。
（2）全国城市锦标赛。
（3）全国青少年锦标赛。
（4）全国社交舞锦标赛。
（5）全国队列舞锦标赛。
（6）全国体育大会体育舞蹈比赛。
（7）全国大奖赛（积分赛）。
（8）全国公开赛。

二、体育舞蹈比赛的项目与音乐

(一)体育舞蹈比赛的项目

一般来说，常见的体育舞蹈项目主要有以下几个类型（表8-3）。这些舞蹈种类都带有鲜明的体育运动和舞蹈特点，都能带给人们强烈的心理体验。

表8-3 体育舞蹈比赛中常见的比赛项目

常见比赛项目类型	具体项目
拉丁舞	恰恰舞
	桑巴舞

第八章　体育舞蹈活动的组织和审美能力培养

续表

常见比赛项目类型	具体项目
	斗牛舞
	伦巴舞
	牛仔舞
标准舞	探戈舞
	华尔兹舞
	维也纳华尔兹舞
	快步舞
	狐步舞
十项舞	探戈舞
	华尔兹舞
	维也纳华尔兹舞
	狐步舞
	快步舞
	恰恰舞
	桑巴舞
	斗牛舞
	伦巴舞
	牛仔舞
队列舞	拉丁舞
	标准舞
社交舞	慢三、快三
	慢四、中四、快四
	伦巴舞
	探戈舞
	萨尔萨舞
	吉特巴舞等
表演舞	双人舞蹈剧目的表演

(二)体育舞蹈比赛的音乐

音乐是体育舞蹈中的重要内容,体育舞蹈比赛规则也对音乐这一部分做出了相应的规定。一般情况下,音乐素材主要由体育舞蹈赛事的组委会提供,规则中对舞曲的音乐速度和播放时间都做出了相应的规定。

(1)淘汰赛的音乐时间一般控制在 90 秒到 120 秒之间,不足或超出时间都要扣掉相应的分数。

(2)少儿组比赛的音乐速度要根据实际情况合理地确定。

(3)老年组的体育舞蹈比赛可适当放慢音乐速度,但不要超出规则的限定范围。

(4)各代表队使用的音乐要按照比赛规则要求制作,否则就要被扣分。

三、体育舞蹈比赛的组织流程

(一)体育舞蹈比赛的组织环节

一般来说,体育舞蹈比赛的组织环节主要有以下几个:

1. 策划

赛事组委会要根据具体实际确定年度竞赛计划,并向下面各级体育舞蹈管理部门发放该计划,协调各部门之间的关系,确定比赛相关事宜。

2. 预案

(1)成立赛事组织机构,协调各方面关系。

(2)确定基本的比赛规则和章程。

(3)做好赛事的经费预算工作。

第八章　体育舞蹈活动的组织和审美能力培养

3. 准备

制定体育舞蹈比赛规程,并向参赛单位及人员分发赛程,并做好相关准备工作,对参赛单位提出相关要求。准备工作的内容非常之多,如报名、编排赛程、印制秩序册、场地安排、后勤工作等。这些工作是体育舞蹈赛事顺利举办的重要保障,一定要引起重视。

4. 接待

在正式比赛开始前,赛事组委会要组织工作人员做好赛事的接待工作,接待各个地方的代表人员、运动员等入场,协调赛事的各方面工作,做到细致入微。

5. 比赛

通常情况下,在白天举行淘汰赛和部分决赛,开幕式以及决赛则安排在晚上进行。比赛中可以安排一些表演活动以活跃气氛,让观众充分感受到赛事的魅力,这对于体育舞蹈赛事的宣传也是非常有帮助的。

(二)赛曲时间与节拍规定

在体育舞蹈比赛中,探戈、华尔兹、快步舞、慢狐步、恰恰恰、桑巴、斗牛和伦巴等舞种的舞曲音乐至少播放90秒,牛仔舞和维也纳华尔兹最少需60秒。关于每种舞曲的节拍,参考表8-4的规定。

表8-4　比赛舞曲节拍规定

舞种	节拍
探戈	33 小节 / 分钟
华尔兹	30 小节 / 分钟
维也纳华尔兹	60 小节 / 分钟
快步舞	50 小节 / 分钟

续表

舞种	节拍
慢狐步	30 小节/分钟
桑巴	50 小节/分钟
伦巴	27 小节/分钟
恰恰恰	30 小节/分钟
牛仔舞	44 小节/分钟
斗牛舞	62 小节/分钟

(三) 舞种

1. 国际比赛

一般情况下,专业选手公开组和新人组跳 5 项舞,业余选手公开组跳 5 项,新人组另行规定。

2. 国内比赛

分组及参赛舞种见表 8-5。

表 8-5 我国体育舞蹈比赛参赛舞种

		职业	职业新人	甲	乙	少年	儿童	丙	常青	团体舞
参赛舞项数	预赛	4	5	4	3	3	3	2	2	3
	半决赛	4	4	4	—	—	—	—	—	—
	决赛	5	5	5	3	3	3	2	2	5
摩登舞	华尔兹(W)	√	√	√	√				√	√
	探戈(T)	√	√	√	√				√	√
	维也纳华尔兹(VW)	√	√	√	—				—	—
	狐步(F)	√	√	√	—				—	—
	快步(Q)	√	√	√	√				—	—

第八章 体育舞蹈活动的组织和审美能力培养

续表

		职业	职业新人	甲	乙	少年	儿童	丙	常青	团体舞
拉丁舞	桑巴（S）	√	√	√	√			—	—	
	恰恰恰（Q）	√	√	√	√	√	√	√	√	
	伦巴（R）	√	√	√	√	√	√	√	√	
	斗牛士（D）	√	√	√	—			—	—	
	牛仔（J）	√	√	√	—	√	√	—	—	

需要注意的是，不同舞蹈协会针对不同的组别，设置的舞种及舞种的排列顺序有一定的区别。

（四）比赛程序

通常来说，体育舞蹈比赛分为初赛（淘汰赛）、复赛（选拔赛）、半决赛（资格赛）和决赛（名次赛）四个阶段，这四个阶段中每一轮都是淘汰一部分选手，获胜的选手进入下一轮比赛，最后评出参加决赛的选手，并在这些选手中决出冠军。

选手在参加比赛的过程中，要遵守既定的比赛规则，按舞种的顺序集体或依次上场，在音乐伴奏下进行整套动作的表演，裁判员对其表现进行评分。评分高者获胜。

（五）组织机构与任务

1. 组织机构

任何体育赛事的顺利举办都离不开一定的赛事组织，赛事组织结构是体育赛事顺利进行的重要保障。体育舞蹈比赛也是如此。一个合理、健全的组织机构在体育舞蹈赛事的发展中扮演着十分重要的角色。一般来说，体育舞蹈比赛的组织机构如图 8-1 所示。

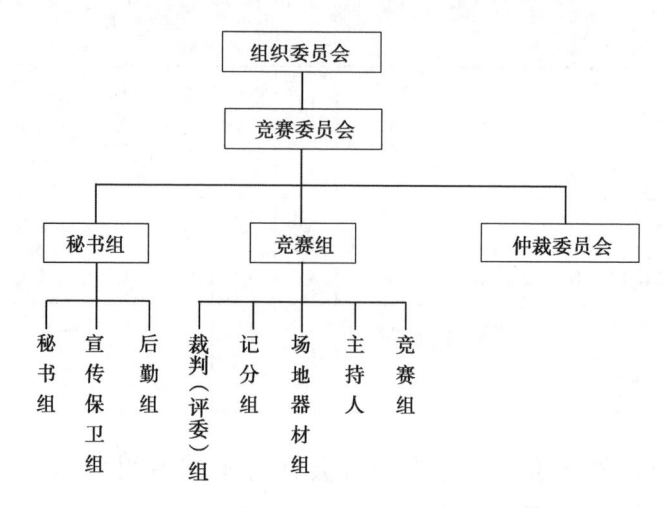

```
                    组织委员会
                        |
                    竞赛委员会
          ┌─────────────┼─────────────┐
        秘书组         竞赛组       仲裁委员会
      ┌───┼───┐    ┌───┬───┬───┬───┐
      秘  宣  后   裁  记  场  主  竞
      书  传  勤   判  分  地  持  赛
      组  保  组   (   组  器  人  组
          卫      评      材
          组      委      组
                  )
                  组
```

图 8-1　体育舞蹈大型比赛组织机构

（1）竞赛处

竞赛处的工作职责如下：

①赛前

第一，制定并分发体育舞蹈比赛规程。

第二，编排体育舞蹈赛事。

第三，编制本次赛事的秩序册。

第四，培训与体育舞蹈赛事相关的工作人员。

第五，布置比赛场地与相关器材。

②赛中

第一，工作人员要保持密切的联系，及时沟通与交流。

第二，针对赛事中出现的突发状况采取合理的对策加以解决。

③赛后

第一，及时公布比赛成绩。

第二，总结本次赛事的基本状况并将其整理为文件以备今后查阅。

第三，处理赛后的各项工作。

（2）编排记录

做编排记录的主要目的是以防比赛中出现误判等行为，确保裁判工作的顺利进行。

第八章　体育舞蹈活动的组织和审美能力培养

2.竞赛方案

（1）基础工作

①根据参赛报名单核实每一名参赛选手的情况。

②认真核对每一名参赛选手,确定好参赛选手的背号。

（2）竞赛编排

①做好合理的分组工作。

②做好确定赛次、录取对数和淘汰对数等各项工作。

③计算竞赛总时间,制作合适的编排表。

（3）制定竞赛顺序

①在确定各场次竞赛顺序时需要注意以下要求。

第一,注意各组别比赛的合理安排。

第二,摩登舞和拉丁舞的编排要采取交叉安排的形式进行。

第三,保证参赛选手有足够的换装时间。

②制定各场次竞赛顺序细表,然后向赛事相关人员分发表格。

（4）编制秩序册

秩序册的设计与编制也是一项非常重要的工作,在制定秩序册的封面时,要本着鲜明、美观、简洁的原则进行,同时要突出比赛的主题,让人一看便知。在秩序册中也可以加入一些名人介绍、舞蹈插图等内容,以宣传体育舞蹈知识。

总的来看,体育舞蹈赛事的秩序册中应包含以下内容：

①比赛通知、比赛规程、裁判员守则等。

②组委会及下属各机构名单。

③比赛日程及顺序。

④裁判员名单。

⑤各参赛队名单。

3.记分

记分也是体育舞蹈赛事组织一项非常重要的工作。这一项工作不能有错误,否则将对比赛结果产生重要的影响。记分工作要求快速、准确和及时。记分人员应保持平稳的心态,密切观察比赛场上的形势,不能出现差错。总的来看,体育舞蹈比赛各比赛阶段的记分工作见表 8-6。

表 8-6 体育舞蹈各比赛阶段的记分工作

比赛阶段	主要工作及注意事项
赛前准备	（1）准备文具和复印机。 （2）培训赛事相关的记分员、跑分员、举分员。 （3）制作赛事各项比赛的表格。 （4）与裁判商议采取何种记录符号。 （5）确定赛事的最佳人员分组及计算方法。
赛中	（1）发出联络表并及时收回评分表并公布比赛成绩。 （2）复核每组的评分表。 （3）比赛中尽可能地保持独立,少接触其他人员。 （4）对外不对裁判打分、记分情况进行议论。 （5）必须有仲裁和裁判长的签字并交纳手续费才能查分,查分只能查看,不能抄录。 （6）拒绝所有改变竞赛编排的不正当请求。
赛后	（1）及时发放竞赛成绩表。 （2）整理记分资料,留档保存。

第三节 体育舞蹈的审美内容与特征

一、体育舞蹈的审美内容

体育舞蹈审美内容是指体育舞蹈审美的内在要素总和。体育舞蹈审美的内容非常丰富,其审美内容构成主要包括身体美、运动美和精神美三个方面。正是在这三个方面的相互影响与推动下,体育舞蹈才散发出令人沉醉的美,使人获得美的享受。

体育舞蹈的审美内容深刻地体现出了运动员的思想感情和意志品质,属于一种特殊的风格独特的艺术形式。经常参加体育舞蹈锻炼,能塑造完美的体型,可以说是一个创造美的过程。

具体而言,体育舞蹈的审美内容结构如图 8-2 所示。

第八章　体育舞蹈活动的组织和审美能力培养

```
                        ┌ 身体素质美
                ┌ 身体美 ┤ 形体美
                │       └ 运动服饰美
                │
                │       ┌ 技术美
体育舞蹈的审美内容┤ 运动美 ┤ 创新美
                │       │ 智慧美
                │       └ 风格美
                │
                │       ┌ 礼仪美
                └ 精神美 ┤ 协作美
                        │ 意志美
                        └ 风度美
```

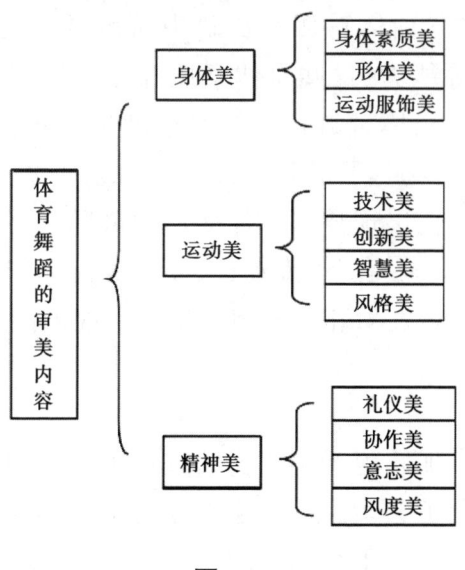

图 8-2

（一）身体美

体育舞蹈的身体美主要包括身体素质美、形体美和运动服饰美三种。[①] 体育舞蹈属于一项体育运动，舞者参加这项运动必须要具备良好的身体素质，通常来说主要表现在力量素质与耐力素质两个方面，由此可见，体育舞蹈本身就呈现出一定的身体素质美。

除此之外，体育舞蹈也属于舞蹈的一种重要形式，属于形体艺术的重要内容，要求舞者必须具备良好的形体条件，这样才能给人以美感。因此，具有良好形体条件的舞者在参加体育舞蹈的过程中能充分展现出自己的形体美，这极大地提高了体育舞蹈的艺术性。

具体而言，体育舞蹈的身体美主要体现在身体素质美、形体美、运动服饰美等几个方面。

1. 身体素质美

体育舞蹈的身体素质美主要表现在运动员所具有的各种体

---
① 左志云.探析体育舞蹈审美特征[J].当代体育科技，2019，9(28)：211+215.

能素质美,如在参加体育舞蹈比赛中所表现出的力量、速度、耐力、柔韧、灵敏等能力,这些身体素质都能带给观者直观的感受,让观者受到感染。体育舞蹈比赛对运动员的身体素质有着一定的要求,如运动员必须要具备良好的耐力素质才能完成整个比赛过程同时确保不会出现技术动作变形的情况。另外,体育舞蹈中还有一些托举、旋转等高难度动作,要想保证动作质量,还要求运动员具备出色的爆发力和对肌肉的精确的控制能力。

2. 形体美

运动员在参加体育舞蹈比赛的过程中能展现出优美的身姿,给观者以愉悦的心理享受,在运动的过程中,运动员表现出强烈的形体美。形体美属于身体美的重要内容,主要体现在以下几个方面:

(1)体型美

拥有一副完美的体型对于体育舞蹈运动员而言具有重要的意义。在体型方面,体育舞蹈运动员的体型要匀称、协调,这是最基本的要求,这样所做出的各种舞蹈动作才能给人一种连贯流畅的美感,给人以美的享受。

(2)姿态美

体育舞蹈运动员的身体姿态美主要体现在身体脊柱垂直、重心平稳、躯干挺拔等几个方面。以摩登舞中的运动员的身体姿态为例,这一舞蹈项目要求运动员必须要收腹提臀、挺胸立腰,呈现出高贵的身体姿态。

(3)线条美

线条美也是体育舞蹈运动员形体美的一项重要内容,女子身体曲线要柔润,男子身体曲线则要健壮。总之,女子运动员呈现出阴柔之美,男子运动员则呈现出力量雄壮之美。拥有良好的身体线条对于运动员参加体育舞蹈比赛而言具有非常重要的意义,这样能给观者和裁判良好的印象,更能打动裁判,获得好感。

第八章 体育舞蹈活动的组织和审美能力培养

（4）容颜美

容颜美主要是指运动员的音容笑貌。运动员的容颜美主要表现在容貌和毛发两个方面。具体来说，容颜美主要包括面容美、眼睛美等，毛发美则主要指发型美。

3. 运动服饰美

运动服饰美也属于体育舞蹈运动员身体美的重要内容。运动员必须要注重自己的着装，着装要给人以美感，给人带来一定的视觉冲击或视觉享受。一般情况下，体育舞蹈的服饰款式简洁、色彩丰富，能带给人美好的感觉。

摩登舞与拉丁舞是体育舞蹈重要的两个舞种。在摩登舞比赛中，男运动员身着燕尾服，女运动员身着晚礼服，表现出庄重典雅的姿态；而拉丁舞的服饰则大多紧身、合体，主要展现人体的形体美，女运动员的服装主要突出曲线美，呈现身体优美的体态，男运动员的服饰则要充分展现出力量美，上衣敞开就是为了突出这一特点。由此可见，不同舞种所呈现出的运动服饰美也是不同的，都有自身的特色。[①]

（二）精神美

体育舞蹈呈现出强烈的形体美，能给人以美的享受，除了形体之外，体育舞蹈还彰显出显著的精神之美。具体而言，体育舞蹈的精神美主要体现在以下两个方面：一方面是体育舞蹈运动员在平时的训练和比赛中培养出的不怕困难、艰苦奋斗的精神和毅力；另一方面是尽管人们的审美观念不断变化，但体育舞蹈的精神美却随着体育舞蹈的发展永远存在。因此，为促进体育舞蹈的发展，就要重视观赏者的审美，加强体育舞蹈的创新。

具体而言，体育舞蹈的精神美主要体现在以下四个方面：

---

① 殷放.体育舞蹈的审美内容及其表现形式[D].集美大学，2012.

1. 礼仪美

在体育舞蹈比赛中,运动员除了要展示自己高超的技术和完美的形体姿态外,还要表现出公正、诚实、礼貌等良好的道德作风,这样才符合体育舞蹈的要求,带给人们良好的心理感受。在体育舞蹈比赛中,着装有着严格的要求。如摩登舞比赛要求男士必须身着黑色燕尾服,佩戴领结,女士手挽男伴进场,然后向裁判员和全场观众行礼,然后才能进行舞蹈的展示,在完成比赛后,运动员要再次向裁判员和观众致谢。总之,运动员在体育舞蹈比赛中充分展现出了礼仪美,彰显出了刚毅、含蓄、深沉的人格之美,使得这项运动更加富有魅力。

2. 协作美

协作美也是体育舞蹈精神美的重要内容,运动员在比赛中充分展现出团结、统一、和谐等形式美,给人以美的享受。体育舞蹈比赛具有一定的规则,运动员在一定的音乐伴奏下做出各种舞蹈动作。伴随着音乐旋律的进行,各种舞蹈动作千变万化,但不杂乱,而是给人一种井然有序、轻松欢快的感受。除此之外,体育舞蹈的协作美还充分表现在集体舞的队列队形变化上。集体舞的队形变化讲究一致,团队中的所有成员必须要密切配合,动作衔接要准确合理,身体各部位的动作方向和力度都要整齐一致,这呈现出强烈的协作美,能给观者带来和谐美观的感受。

3. 意志美

体育舞蹈运动员在比赛中所展现的完美的形体和高超的动作水平,不是一时一日而成的,需要历经长期的训练,正是他们付出了常人难以想象的努力才换来了比赛场上这些优美的表现。在参加体育舞蹈比赛的过程中,运动员努力克服一切障碍做出高难度的动作,展现自己完美的一面,这一过程能使人陶醉其中,受到极大的感染。运动员的这种意志力也能深深影响着人们以更好的姿态投入日常生活和工作之中。

4. 风度美

风度美也是体育舞蹈精神美的一项重要内容。运动员的风度美主要体现在其言谈、举止、态度等方面,运动员在比赛中要呈现出自己最好的一面,要十分注意自己的言行举止和动作行为,要给裁判员和观众带来良好的印象。对于裁判员而言,他们要不断提高自身的专业素质和道德水平,确保比赛的公平性。这些都是体育舞蹈风度美的重要体现。

(三)运动美

体育舞蹈属于一项体育运动项目,自然也就呈现出鲜明的运动美的特点。体育舞蹈的运动美主要体现在以下四个方面。

1. 技术美

运动员要想顺利完成比赛,必须要具备出色的运动技术技能,没有良好的技术是不可能完成体育舞蹈比赛的,因此运动员要在平时的训练中不断提升自己的体育舞蹈技术水平,并在表演或比赛中充分展现出来。运动员在比赛中所做的各种技术动作会呈现出丰富的美感,具有很强的艺术观赏性。因此说,体育舞蹈具有重要的技术美特征。

2. 创新美

随着现代社会的不断发展,社会中的各项事物也随之不断更新与变化,这是时代发展的要求。因此,体育舞蹈的发展也应跟上时代发展的形势,无论是在套路动作、音乐创编还是比赛规则等方面都要与时俱进地发展,不断地进行创新。由此可见,体育舞蹈也具有创新美的特点。

3. 智慧美

体育舞蹈的各项技术动作相对其他项目比较复杂,对于初学者而言具有一定的难度,因此没有高超的智慧是不行的。体育舞蹈的智慧美主要体现在动静结合方面,作为一名出色的舞者必须要具备出色的处理舞蹈动作的能力和对音乐的欣赏与把握的能力。舞者的智慧就主要体现在动作处理和音乐理解两个方面。

4. 风格美

体育舞蹈是与音乐相配合的一种舞蹈形式,也属于一项风格独特的体育运动项目。体育舞蹈的这一风格特点要求音乐的编排必须要合理,同时要求舞者也要具备良好的节奏感,这样才能保证体育舞蹈表演或比赛的顺利进行。因此,风格美也成为体育舞蹈一个重要的特点。

二、体育舞蹈的审美特征

体育舞蹈是集健身、舞蹈、音乐等为一体的运动形式,有着深刻而丰富的内涵。作为一项体育运动形式,体育舞蹈也有着很高的艺术性,这就使其具有了鲜明的美学性质,呈现出强烈的审美特征。体育舞蹈的审美特征主要表现在以下几个方面:

(一)审美的标准性特征

体育舞蹈的历史可以说是比较悠久的,其产生与发展受多种因素的影响,发展至今已成为一种重要的舞蹈形式,深受世界各国人民的喜爱。体育舞蹈的大部分动作都比较活泼生动,符合年轻人的个性特点,深受各国舞蹈爱好者的青睐。世界上各个国家或地区都有大量的舞蹈爱好者,出于对体育舞蹈的热爱而全身心地投入体育舞蹈的锻炼之中。发展到现在,无论是体育舞蹈爱好者还是专业的运动员,人数都越来越多,这对于体育舞蹈在我国的发展具有重要的意义。

第八章　体育舞蹈活动的组织和审美能力培养

（二）审美的抒情性特征

体育舞蹈既是一项体育运动，也是一个重要的舞蹈形式，运动者在参与体育舞蹈的过程中，优美的体形及富有视觉冲击力的技术动作让观者如痴如醉，能感受到体育舞蹈本身散发出的极大的魅力。在参与比赛的过程中，舞者所做的各种动作和表情都体现出舞蹈深刻的内涵，能充分表达出舞者内心情感和情绪。由此可见，体育舞蹈是有内涵的一种运动，舞者通过服饰、动作、表情等的呈现能给人以强烈的视觉冲击，让观众陶醉其中。体育舞蹈可以说是表演者内心真实感情的表达，能深深地感染观看者，能给人带来强烈的情绪体验。这就是体育舞蹈审美抒情性特征的重要展现。

（三）审美形式的多样性特征

体育舞蹈主要包括摩登舞和拉丁舞两个项群，十个舞种，每一个舞种都有独特而鲜明的风格，能给人不一样的感受和体验，这说明体育舞蹈具有形式多样性的特征。另外，体育舞蹈既可以双人配合，又可以多人集体练习，对参与者各方面的限制较小，不同年龄、不同性别、不同职业的人群都可以根据自己的喜好参加不同形式的体育舞蹈，都能从中获得愉悦的身心享受。随着时间的不断推移，体育舞蹈的内容和形式越来越丰富，深深地影响着每一名舞蹈爱好者。

（四）审美过程的感染性特征

体育舞蹈具有很强的感染性特征，这一特征主要体现在其内容和表现形式上。体育舞蹈爱好者在学习体育舞蹈的过程中能够感受到体育舞蹈的艺术美和形体美，享受到美的体验。这说明体育舞蹈具有极强的感染力，能深深吸引每一名参与者。另外，运动员或表演者在比赛或表演过程中所散发的各种魅力能感染在场的每一名观众，给观众带来深刻的心理体验。经常参加体育舞蹈这一项运动,不仅能增强体质,还能陶冶人的情操,让人感到精神愉悦。这就是体育舞蹈审美感染性特征的深刻体现。

第四节　体育舞蹈欣赏

体育舞蹈的内容和形式都非常丰富,观看体育舞蹈表演或赛事能给人带来愉悦的心理享受。作为一名观众要想更好地参与体育舞蹈之中,需要具备良好的体育舞蹈欣赏水平。

一、摩登舞的观赏

摩登舞属于体育舞蹈的一个重要项群,共五个舞种。观赏者观看表演或比赛时,首先要充分了解以下几个方面的知识:

(1)充分了解和掌握摩登舞五个舞种的风格及内容,深刻理解其内涵和特点。

(2)音乐属于摩登舞的重要内容,一首旋律优美的音乐往往能引起观者的共鸣,令人陶醉。因此,一定要充分了解摩登舞的音乐风格和节奏等方面的内容,这样才能更好地欣赏摩登舞。

(3)俗话说,"外行看热闹,内行看门道",要想更好地观赏摩登舞,还要熟悉和了解摩登舞的动作结构和舞步规律,这样才能提高摩登舞的欣赏水平。

(一)服装

摩登舞比赛对运动员的着装有一定的要求,在比赛过程中,女士的裙襟飘飘、男士的风度翩翩都会深深地吸引观众,让观众如痴如醉。这在很大程度上得益于运动员的服装美。富有特色的服装让观众赏心悦目,带来不一样的感受。

第八章 体育舞蹈活动的组织和审美能力培养

（二）肢体语言

摩登舞的动作内容非常丰富，观众通过观看舞者的肢体语言也能获得愉悦的心理享受。这种肢体语言要与体育舞蹈的风格、特点、韵律相一致，否则就会破坏观者的审美体验。观众在观看摩登舞运动员的表演时要学会观察其肢体表现，如修长的四肢、匀称的躯干、端庄的仪态等，这些都能给其带来愉悦的审美体验。

（三）音乐

（1）摩登舞是在一定的音乐伴奏下进行的一种运动，观赏者通过听觉与视觉的结合能有一种身临其境的感觉。在浓厚音乐氛围烘托下，运动员的技术动作与形体表现展现出旺盛的活力，给观者以愉悦的快感。

（2）除此之外，舞者的动作技艺水平需要与合适的音乐节奏相配合才能体现出其特点与内涵。因此，观赏者也要具备音乐欣赏的能力。

二、拉丁舞的观赏

拉丁舞属于体育舞蹈中的一大项群，与摩登舞一样也有五个舞种。这些舞种都具有热烈、奔放、欢快等特点，深受年轻人的欢迎和喜爱。作为一名观赏者，要想提高拉丁舞的欣赏水平，需要具备以下基本知识：

（一）服装

服装是体育舞蹈的一大特色，一般来说，拉丁舞选手的服装更加具有观赏性，女选手的服装尤其如此。女选手一般身着款式各异的舞裙、短裙装，或浪漫，或自由，或随意，充分展现出女性的阴柔之美。而男士的着装则潇洒自如、协调多变，充分展现出阳刚之气。观赏者在观看拉丁舞表演或比赛时，舞者的着装能给其带来较强的视觉冲击力。

(二)身体线条

与摩登舞相比,拉丁舞者的身体线条更为丰富,更能在视觉上给观赏者带来强烈的冲击。一般来说,拉丁舞舞者的腿和脚部线条与芭蕾舞较为相似,手臂动作也多种多样,运动中所呈现出的美感让人心旷神怡。

一般来说,拉丁舞舞者的躯干动作和髋部动作非常丰富,身体线条也富有多样性的变化,男性的阳刚张扬与女性的阴柔内敛充分结合在一起,给人以美的心理体验。

(三)舞蹈风格

拉丁舞共有五个舞种,不同舞种的风格各不相同,都有自己的特色,这充分体现出拉丁舞独特的魅力。如桑巴舞欢快热烈、恰恰舞顽皮,富有节奏等都是这些舞蹈鲜明的风格和特色。作为一名体育舞蹈爱好者要充分了解不同舞种的风格和特色,这样才能更好地参与到拉丁舞表演或比赛之中,从而提高自己的审美水平。

(四)舞步与组合

在观看拉丁舞比赛时,舞者的动作和表演都大同小异,只有那些舞步风格特殊、动作难度大的动作才能给观者带来深刻的印象。因此,舞者要多花一些时间和精力在这一方面,注重拉丁舞动作的设计与编排,重视动作难度的设计,提出可行性的发展对策。

(五)音乐

拉丁舞每个舞种的音乐节奏都是独特的、富有特色的。例如,桑巴、斗牛是2/4拍的舞蹈,但桑巴的节奏变化与斗牛相比而言更加丰富,斗牛舞音乐的曲式比较固定。伦巴、恰恰和牛仔一般都是在一个固定的范围中跳,而桑巴和斗牛则是在舞池的边缘逆时针舞动,所以,这两个舞种有很多行进性舞步。正是由于不同的、

第八章　体育舞蹈活动的组织和审美能力培养

别具风格的音乐节奏才突出了不同舞种的特色,使其独具魅力。

(六)艺术感染力

每一名观众都有不同的文化修养和审美品格,因此,体育舞蹈所呈现出的艺术感染力对不同的观众而言也是不同的。

总的来看,拉丁舞具有浓烈的艺术感染力。与桑巴、恰恰相比,舞者在跳伦巴或斗牛的过程中,大都注意力比较集中,特别是在跳伦巴舞时,舞者完全沉浸在自己的世界里,忘了场边的观众,不受任何因素的干扰,男女舞伴用肢体语言诉说两个人的真挚爱情,传达出感人的、质朴的、浓郁的情感,这正是伦巴舞吸引观众的重要因素。而恰恰、桑巴和牛仔是在热烈、欢快的氛围中表演的,所以舞者需要注意和观众之间的交流与互动,这样才能充分体现出拉丁舞的艺术感染力。

参考文献

[1] 钱宏颖,葛丽华. 体育舞蹈与排舞 [M]. 杭州:浙江大学出版社,2011.

[2] 张春生,滕晓磊. 体育舞蹈与健身操 [M]. 北京:化学工业出版社,2009.

[3] 唐汉卫. 生活道德教育论 [M]. 北京:教育科学出版社,2005.

[4] 王虹. 新时代体育舞蹈创作与研究 [M]. 长春:吉林文史出版社,2019.

[5] 王伟伟. 礼仪形象学 [M]. 北京:人民出版社,2005.

[6] 胡锐,边一民. 现代礼仪教程 [M]. 杭州:浙江大学出版社,2004.

[7] 戈俊. 体育舞蹈大众健身理论与方法指导 [M]. 北京:中国书籍出版社,2020.

[8] 罗冬梅,思维. 体育舞蹈中旋转动作的解剖、力学分析——再谈如何提高体育舞蹈练习质量 [J]. 哈尔滨体育学院学报,1996(01):66-68.

[9] 高静,李伟. 舞蹈训练的运动生物化学和训练学研究 [J]. 舞蹈,2010(01):58-60.

[10] 黄茜. 高校开设体育舞蹈课程的必要性 [J]. 课程教育研究,2017(04):202.

[11] 曹峰涛. 地方高校体育舞蹈课程建设中的问题及措施分析 [J]. 当代体育科技,2019,9(22).

[12] 司丽艳.宿州学院体育学院体育舞蹈课程建设研究[J].赤峰学院学报(自然科学版),2012(14):98-100.

[13] 刘丽.长沙市高校体育院系体育舞蹈专修课程建设的研究[D].北京体育大学,2010.

[14] 李晓琳.湖南省体育教育专业体育舞蹈专修课程建设研究[D].吉首大学,2016.

[15] 徐佩,李琼.我国高校体育舞蹈课程开展的若干问题探讨[J].当代体育科技,2017(15):82-83.

[16] 王崇,沈萍,田宇.地方高校体育舞蹈课程建设存在的问题与对策[J].安顺学院学报,2016(03):88-90.

[17] 闫静雯.山东省高校公共体育舞蹈课程开设因素分析[D].山东师范大学,2013.

[18] 陈灿.学校体育舞蹈专项课程建设研究[J].中国农村教育,2019(36):55-56.

[19] 杨艳.高校体育舞蹈运动技术特点及力量训练措施[J].艺术评鉴,2017(23):144-146.

[20] 汤艺.体育舞蹈专项运动技能的教学探讨[J].行政事业资产与财务,2014(15):223.

[21] 李炜,唐一丹.花样滑冰运动员舞蹈技能的培养[J].冰雪运动,2011,33(06):20-24.

[22] 李红娟.儿童青少年运动风险评估与运动安全预防[C].中国生理学会体适能研究专业委员会、运动与体质健康教育部重点实验室.2018"普通高校运动风险与损伤防控技术"学术研讨暨论文报告会论文集.中国生理学会体适能研究专业委员会、运动与体质健康教育部重点实验室:中国生理学会,2018:25-35.

[23] 高翼.幼儿园户外运动安全管理分析[J].学周刊,2018(06):148-149.

[24] 李小荣.浅议老年人的运动健康及安全防护[J].江西电力职业技术学院学报,2015(01):92-96.

[25] 焦国平.老年体育健身应遵循的原则[C].纪念中国老年人体育协会成立三十周年征文活动作品集(二):中国体育科学学会,2013:140-141.

[26] 李岚.特殊群体舞蹈初探[J].文化时空,2003（12）:114.

[27] 周哲颖.我国体育院校体育舞蹈课程内容资源开发的研究[D].北京体育大学,2013.

[28] 左志云.探析体育舞蹈审美特征[J].当代体育科技,2019,9（28）.

[29] 殷放.体育舞蹈的审美内容及其表现形式[D].集美大学,2012.